समय सचमुच बड़ा अजीब है

समय का अनोखा स्वभाव

पहला हिंदी संस्करण

डेविड ई. मैकऐडम्स

विषय-सूची

David E. McAdams की और पुस्तकें देखने के लिए जाएँ: https://lifeisastoryproblem.tripod.com/aauthor/hindi.html.

अध्याय 1: समय क्या है?

चित्र 1: समय एक सुरंग की तरह

कल्पना करो कि तुम एक लंबी सुरंग के अंदर खड़े हो। इस सुरंग की दीवारों पर तुम्हारे जीवन की रोज़मर्रा की घटनाएँ दिखाई दे रही हैं। जब तुम आगे देखते हो, तो सब कुछ धुंधला और अँधेरा लगता है, और जितनी दूर तुम देखते हो, वह उतना ही धुंधला और अँधेरा होता जाता है। तुम्हारे दोनों ओर की चीज़ें साफ़ और आसानी से दिखाई देती हैं। जब तुम पीछे देखते हो, तो सब कुछ धीरे-धीरे धूसर छायाओं में खोने लगता है। यह सुरंग समय जैसी है।

हम कभी-कभी थोड़ा-सा भविष्य अनुमान लगा सकते हैं, लेकिन जितना दूर भविष्य में झाँकने की कोशिश करते हैं, उतना ही यह पक्का जानना कठिन हो जाता है कि क्या होगा। हम अतीत को भी याद कर सकते हैं, लेकिन समय बीतने के साथ हमारी यादें कम साफ़ होती जाती हैं।

तो फिर समय क्या है? **समय वह प्रवाह है जो हमें अतीत से वर्तमान के रास्ते भविष्य की ओर ले जाता है। हम समय के अंदर रहते हैं, लेकिन उसे देख नहीं सकते।** हमें पता है कि समय मौजूद है, क्योंकि हम घटनाओं को एक के बाद एक घटते हुए अनुभव करते हैं। जो पहले हो चुका है, उसे हम याद करते हैं, जो अभी हो रहा है, उसमें हम जीते हैं, और आगे क्या हो सकता है, इसकी कल्पना करते हैं।

हम अंतरिक्ष और समय, दोनों में रहते हैं। अंतरिक्ष के तीन आयाम होते हैं: आगे और पीछे, बाएँ और दाएँ, और ऊपर और नीचे। समय एक चौथा आयाम जोड़ता है: अतीत से भविष्य तक जाने वाला रास्ता।

चित्र 2: अंतरिक्ष में दिशाएँ

समय की दिशा

चित्र 3: *समय केवल एक दिशा में चलता है*

अंतरिक्ष और समय के बीच एक महत्वपूर्ण अंतर यह है कि अंतरिक्ष **सर्वदिशात्मक** होता है, यानी सभी दिशाओं में जाता है, और समय **एकदिशात्मक** होता है, यानी केवल एक ही दिशा में जाता है।

जब हम कहते हैं कि अंतरिक्ष सर्वदिशात्मक है, तो हमारा मतलब है कि हम किसी भी दिशा में जा सकते हैं। हम आगे या पीछे जा सकते हैं, बाएँ या दाएँ जा सकते हैं, और ऊपर या नीचे जा सकते हैं। हम आगे से थोड़ा बाईं ओर और नीचे भी जा सकते हैं। लेकिन समय एकदिशात्मक है। समय में हम केवल आगे बढ़ सकते हैं। *पृष्ठ 63 पर पीछे की ओर समय गतिविधि आज़माओ।*

समय कभी नहीं रुकता

चित्र 4: *समय को रोका नहीं जा सकता*

अंतरिक्ष में हम स्थिर खड़े हो सकते हैं। लेकिन हम समय को नहीं रोक सकते। हमें पसंद हो या न हो, समय चलता ही रहता है। हमारे पास भविष्य की ओर समय के साथ बहने के अलावा कोई विकल्प नहीं है।

इसे आज़माओ: कहो, "अब से पहले की हर चीज़ अतीत में है।" लेकिन जैसे ही तुम "अब" कहते हो, वह "अब" अतीत में चला जाता है। तुम बार-बार कह सकते हो, "अब से पहले की हर चीज़ अतीत में है।" और "अब" पर ज़ोर दे सकते हो, लेकिन हर बार जब तुम "अब" कहते हो, वह पहले ही अतीत बन चुका होता है। *पृष्ठ 64 पर रुके हुए समय की गतिविधि आज़माओ।*

समय की गति

कभी-कभी लगता है कि समय बहुत धीरे-धीरे घिसट रहा है या बहुत तेज़ी से बीत रहा है, लेकिन यह समय के बारे में हमारी अनुभूति है, स्वयं समय का स्वभाव नहीं। समय में हम कितनी तेज़ी से आगे बढ़ते हैं, इस पर हमारा कोई चुनाव नहीं होता। अंतरिक्ष में हम चुन सकते

हैं कि हम कितनी तेज़ी से चलें, किस दिशा में चलें, और चलें भी या नहीं। हम कुछ भी करें, समय एक ही दर से आगे बढ़ता रहता है। हम चाहे जो करें, समय अपनी ही गति से चलता रहता है और कभी हमारा इंतज़ार नहीं करता। *पृष्ठ 77 पर समय के बारे में अपनी अनुभूति की खोज गतिविधि आज़माओ।*

चित्र 5: समय की गति

समय निरंतर प्रतीत होता है

कई वैज्ञानिक मानते हैं कि अंतरिक्ष और समय मिलकर एक **सतत विस्तार** बनाते हैं। इसका अर्थ है कि जब हम एक क्षण से अगले क्षण की ओर बढ़ते हैं, तो परिवर्तन सुचारु रूप से होता है, छोटे-छोटे क़दमों में नहीं। यदि समय सचमुच छोटी-छोटी छलाँगों में चलता भी है, तो वे छलाँगें इतनी नन्ही होती हैं कि हम उन्हें पहचान नहीं सकते।

हम इस विचार की तुलना फ़िल्म के काम करने के तरीके से कर सकते हैं। एक फ़िल्म बहुत सारी स्थिर तस्वीरों से बनी होती है, जिन्हें बहुत तेज़ी से एक के बाद एक दिखाया जाता है। हमारा मस्तिष्क उन तस्वीरों को आपस में मिला देता है, जिससे क्रिया चिकनी, चलती हुई और निरंतर लगती है।

वास्तव में, इन चित्रों को फ़्रेम कहा जाता है, और उनके बीच बहुत छोटे-छोटे अंतराल होते हैं। इसे असतत प्रवाह कहा जाता है। लेकिन समय हमें घटनाओं के निरंतर प्रवाह जैसा दिखाई देता है, जिसके बीच कोई खाली जगह नहीं होती।

क्वांटम समय: समय असतत हो सकता है

क्वांटम समय के विचार को समझने के लिए हमें पहले **क्वांटम दुनिया** के बारे में बात करनी होगी। “क्वांटम दुनिया” उस दुनिया को ही कहते हैं जिसमें हम रहते हैं, लेकिन अत्यंत छोटे पैमाने पर, जहाँ पदार्थ और ऊर्जा के सबसे नन्हे कण मौजूद होते हैं। इस पैमाने पर समय वैसा व्यवहार नहीं करता जैसा हम रोज़मर्रा में अनुभव करते हैं। वह किसी स्थिर नदी की तरह नहीं बहता, जिसका साफ़ आरंभ और अंत हो। इसके बजाय, क्वांटम दुनिया में समय शायद नन्ही-नन्ही चमकों की एक श्रृंखला जैसा व्यवहार करता हो, कुछ-कुछ स्ट्रोब लाइट की झिलमिलाहट जैसा। *पृष्ठ 67 पर असतत समय गतिविधि आज़माओ।*

कई वैज्ञानिक प्रस्ताव रखते हैं कि क्वांटम दुनिया में समय केवल तब प्रकट होता है जब सबसे छोटे कण एक-दूसरे के साथ उलझ जाते हैं। उलझाव तब होता है जब दो कण इस तरह जुड़ जाते हैं कि एक का व्यवहार दूसरे को तुरंत

प्रभावित करता है, भले ही वे बहुत दूर हों। यह उस पारंपरिक विचार को चुनौती देता है कि कारण हमेशा प्रभाव से पहले ही आना चाहिए, और वह भी साफ़ तथा मापने योग्य ढंग से।

क्वांटम दुनिया में कण अस्तित्व में आते और बाहर जाते हुए नाचते-से लग सकते हैं। वैज्ञानिक मानते हैं कि इस पैमाने पर समय साफ़-सुथरे, स्थिर सेकंडों में आगे नहीं बढ़ता। इसके बजाय, घटनाएँ एक तरह की धुंध में घट सकती हैं, जहाँ यह बताना कठिन हो जाता है कि पहले क्या आया और बाद में क्या हुआ।

क्वांटम यांत्रिकी की कुछ व्याख्याएँ सुझाती हैं कि बहुत छोटे कणों का एक ही, साफ़ इतिहास नहीं हो सकता। इसके बजाय, कई अलग-अलग संभावनाएँ एक ही समय में मौजूद हो सकती हैं। एक क्वांटम कण तो कई समय-रेखाओं में भी मौजूद हो सकता है, जिससे अलग-अलग ब्रह्मांड बनते हों जहाँ अलग-अलग बातें हो रही हों।

उलझाव समय के स्वभाव को और भी विचित्र बना देता है। कल्पना करो कि सूक्ष्म पैमाने पर सॉकर, यानी यूरोपीय फ़ुटबॉल, का खेल चल रहा है। एक गेंद हवा में उड़ रही है। क्या पैर के गेंद को मारने से गेंद दूर उड़ी? या गेंद के दूर उड़ने से पैर ने उसे मारा? या दोनों घटनाएँ एक ही समय पर किसी ऐसे कारण से हुईं जिसे हम पूरी तरह नहीं समझते, या शायद बिना किसी कारण के ही? क्वांटम दुनिया में किसी चीज़ के "कब" होने का विचार पकड़ पाना बहुत कठिन हो जाता है।

क्या समय बस मौजूद है, या किसी चीज़ से पैदा होता है?

वैज्ञानिक अभी भी यह खोज रहे हैं कि क्या समय अपने-आप मौजूद है, या कोई और चीज़ उसे बनाती है। कुछ भौतिक विज्ञानी मानते हैं कि समय, जैसा हम उसे अनुभव करते हैं, शायद असल में घटनाओं को क्रम में लगाने वाली चीज़ नहीं है। इसके बजाय, वे सुझाव देते हैं कि अत्यंत छोटे कणों, यानी हर चीज़ के निर्माण खंडों, के बीच होने वाली पारस्परिक क्रियाएँ ही शायद समय का प्रवाह बनाती हैं।

इस तरह सोचने पर, समय खाली कागज़ की शीट जैसा नहीं है, जिस पर घटनाएँ एक के बाद एक साफ़-सुथरी बनती जाती हैं। इसके बजाय, समय तो खुद चित्र जैसा है, जो ब्रह्मांड के बदलने और विकसित होने के साथ धीरे-धीरे आकार लेता है। हर नई घटना, हर गति, हर परिवर्तन उस चित्र में एक नई रेखा या नया आकार जोड़ता है।

यदि यह विचार सही है, तो समय कोई ऐसी चीज़ नहीं है जो हमारे चारों ओर किसी मंच या डिब्बे की तरह बस मौजूद रहती हो। यह ऐसी चीज़ है जो ब्रह्मांड की बाकी हर चीज़ के साथ-साथ बढ़ती है और खुलती जाती है।

समय अनंत प्रतीत होता है

समय ऐसा लगता है मानो बिना अंत के चलता रहता है, यानी **अनंत** हो। यदि तुम समय में दो बिंदु चुनते हो, तो उनके बीच हमेशा एक और बिंदु होता है। (चित्र 2 देखें।) उदाहरण के लिए, यदि तुम्हारे पास बिंदु A और B हैं, तो उनके बीच कहीं न कहीं हमेशा एक बिंदु C होगा।

चित्र 6: समय के बिंदु

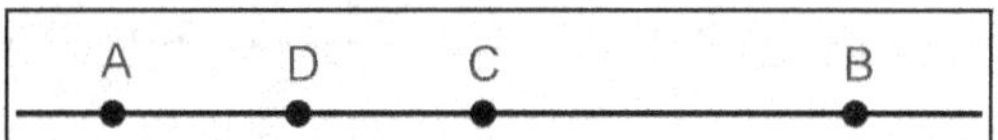

चित्र 7: समय के और बिंदु

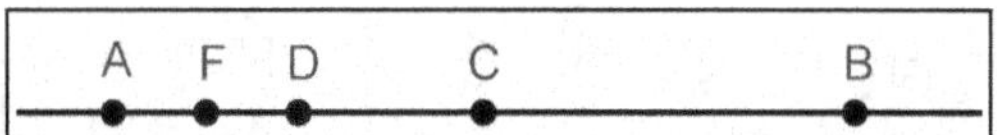

चित्र 8: और भी अधिक बिंदु

अब, यदि तुम बिंदु A और C को नज़दीक से देखो, तो पाओगे कि उनके बीच भी एक और बिंदु है। चलो इस नए बिंदु को D कहते हैं। यदि तुम A और D के बीच फिर से और पास जाकर देखो, तो तुम्हें फिर एक और बिंदु मिलेगा, जिसे हम F कह सकते हैं।

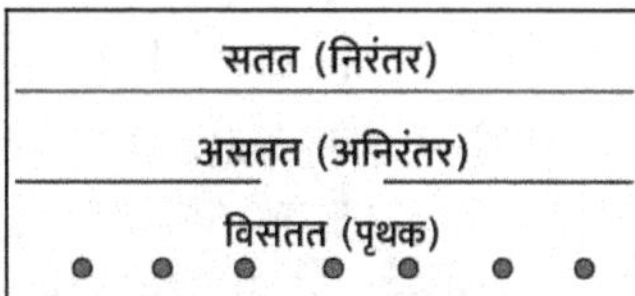

चित्र 9: निरंतर, अनिरंतर, असतत

जब किसी भी दो बिंदुओं के बीच हमेशा एक और बिंदु होता है, तो हम कहते हैं कि कोई चीज़ **निरंतर** है। यदि दो बिंदुओं के बीच खाली जगह हो, तो हम उसे **अनिरंतर** कहते हैं। यदि हर जोड़ी बिंदुओं के बीच हमेशा खाली जगह हो, तो हम उसे **असतत** कहते हैं।

यह विचार समय पर लागू होता है, क्योंकि समय निरंतर प्रतीत होता है।

क्या समय की कोई शुरुआत या अंत है?

वैज्ञानिक लंबे समय से सोचते रहे हैं कि क्या समय की स्वयं कोई शुरुआत या अंत है। यह हमारे सामने खड़े सबसे बड़े रहस्यों में से एक है, जैसे किसी विशाल महासागर के किनारे खड़े होकर यह देखने की कोशिश करना कि क्षितिज के पार कोई दूर का किनारा है या नहीं।

चित्र 10: बिग बैंग की कलाकार द्वारा कल्पना

अधिकांश वैज्ञानिक मानते हैं कि समय, जैसा हम उसे जानते हैं, लगभग 13.8 अरब वर्ष पहले बिग बैंग के साथ शुरू हुआ। कल्पना करो कि एक गुब्बारा सपाट और खाली पड़ा है। बिग बैंग का क्षण ऐसा था जैसे

हवा की पहली साँस गुब्बारे में भरी गई हो, जिसने अंतरिक्ष और समय को साथ-साथ बाहर की ओर फैला दिया। उस क्षण से पहले शायद कोई टिक-टिक करती घड़ी नहीं थी, सेकंडों की कोई बहती नदी नहीं थी, ऐसा कुछ भी नहीं था जिसे हम समय के रूप में पहचानते।

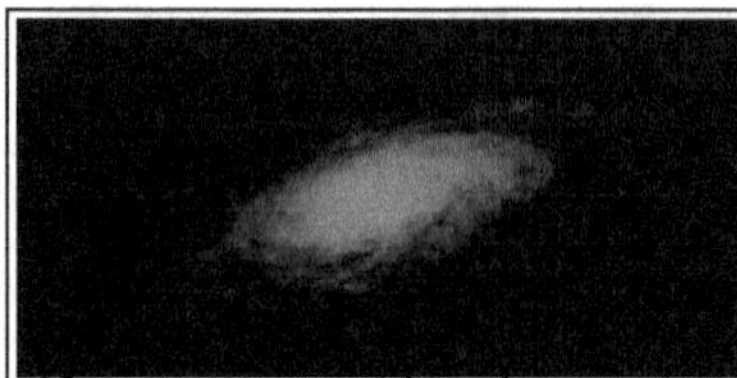

चित्र 11: समय के अंत पर मृत आकाशगंगा

यदि बिग बैंग से पहले समय था भी, तो विज्ञान के पास अभी उसे जानने का कोई तरीका नहीं है। हबल दूरबीन जैसी दूरबीनें बहुत दूर की चीज़ों को देख सकती हैं। चूँकि बहुत दूर से प्रकाश को हम तक पहुँचने में समय लगता है, इसलिए यह अतीत में झाँकने जैसा है। खगोलविदों को शुरुआती ब्रह्मांड कैसा दिखता था, इसकी बेहतर तस्वीर मिल रही है। लेकिन बिग बैंग से पहले देखने का कोई तरीका नहीं है। इस बात का कोई प्रमाण नहीं है कि बिग बैंग से पहले ब्रह्मांड कैसा दिखता था, या यह भी कि बिग बैंग से पहले ब्रह्मांड मौजूद था या नहीं।

लेकिन समय के अंत का क्या? कुछ वैज्ञानिक सोचते हैं कि समय मोमबत्ती जैसा हो सकता है: वह कुछ समय तक स्थिर रूप से जलता है, लेकिन आखिरकार टिमटिमाकर बुझ जाता है। यदि ब्रह्मांड हमेशा फैलता रहा, तो आकाशगंगाएँ अँधेरे और अंतहीन समुद्र में अकेले जहाज़ों की तरह एक-दूसरे से दूर बहती जाएँगी, तारे बुझ जाएँगे, और ब्रह्मांड ठंडा और शांत हो सकता है। ऐसे भविष्य में, जिसे "ऊष्मा मृत्यु" कहा जाता है, समय अपना अर्थ खो सकता है, क्योंकि फिर कुछ भी नहीं होगा, न प्रकाश, न गर्मी, न जीवन जो क्षणों को चिन्हित कर सके।

चित्र 12: यो-यो की तरह ब्रह्मांड

दूसरे विचार बताते हैं कि समय शायद अपने ही ऊपर वापस ढह सकता है। यदि गुरुत्वाकर्षण कभी ब्रह्मांड के फैलाव पर हावी हो जाए, तो यह ऐसा हो सकता है जैसे एक शक्तिशाली ओक का पेड़ अपने ही भार से झुकते-झुकते गिर पड़े। ब्रह्मांड "बिग क्रंच" में सिकुड़ सकता है, और समय का अंत उतनी ही ज़ोरदार टक्कर के साथ हो सकता है जितनी अद्भुत शुरुआत उसके अस्तित्व में आने पर हुई थी।

फिर भी, कुछ वैज्ञानिक सोचते हैं कि समय शायद एक लूप हो सकता है, अपनी ही ओर मुड़ता हुआ, जैसे साँप अपनी ही पूँछ खा रहा हो। इस नज़रिए में, एक ब्रह्मांड का अंत दूसरे ब्रह्मांड के जन्म को चिंगारी दे सकता है, और समय फिर से नया शुरू हो सकता है। इसे यो-यो की तरह सोचो। तुम यो-यो को बाहर फेंकते हो और वह उड़ता हुआ वापस आ जाता है। तुम उसे फिर से बाहर फेंक सकते हो।

सच्चाई यह है कि हम अभी नहीं जानते। शायद हम कभी न जान पाएँ। समय एक महान पुस्तक जैसा है जिसे हम एक बार में एक पृष्ठ पढ़ रहे हैं, लेकिन हम अभी आगे झाँककर यह नहीं देख सकते कि कहानी कैसे समाप्त होती है, या वह समाप्त होती भी है या नहीं।

यहाँ से समय और भी अजीब होने लगता है। लेकिन पहले, आओ देखें कि हम समय को मापते कैसे हैं।

अध्याय 2 – हम समय कैसे मापते हैं?

समय मापने का इतिहास

मानव सभ्यता के शुरुआती दिनों में लोग समय को उन घटनाओं को देखकर मापते थे जिन्हें हर कोई देख सकता था। लोग ऋतुओं को बदलते देखकर बता सकते थे कि एक वर्ष बीत गया है। ये ऋतुएँ इसलिए बदलती हैं क्योंकि पृथ्वी सूर्य के चारों ओर अपने मार्ग पर चलते समय झुकी हुई रहती है।

जब पृथ्वी का हमारा भाग, यानी हमारा गोलार्ध, सूर्य से दूर की ओर झुकता है, तो सर्दी होती है। जब हमारा गोलार्ध सूर्य की ओर झुकता है, तो गर्मी होती है। सर्दी, वसंत, गर्मी और पतझड़ हर साल एक बार आते हैं।

कुछ लोग चंद्रमा को देखकर समय चिह्नित करते थे। वे एक अमावस्या से अगली अमावस्या तक का समय देखते थे। अमावस्या वह अवस्था है जब चंद्रमा का वह भाग, जिसे हम देख सकते हैं, सूर्य के प्रकाश से प्रकाशित नहीं होता। इस समय-अवधि को चंद्र मास कहा जाता है।

चित्र 13: पृथ्वी का झुकाव

जैसे-जैसे मानव ज्ञान बढ़ा, शुरुआती खगोलविदों ने और अधिक सावधानी से अवलोकन किए। उन्होंने देखा कि दिनों की लंबाई एक नियमित पैटर्न का पालन करती है। उन्होंने वर्ष के चार मुख्य बिंदु परिभाषित किए जिन्हें मापा जा सकता था: **शीत अयनांत**, **ग्रीष्म अयनांत**, **वसंत विषुव और शरद विषुव**।

शीत अयनांत वर्ष का सबसे छोटा दिन होता है, जबकि ग्रीष्म अयनांत सबसे लंबा दिन होता है। वसंत विषुव वसंत का वह दिन है जब दिन और रात की लंबाई लगभग बराबर होती है, और शरद विषुव शरद ऋतु में इसी संतुलन को दर्शाता है। प्राचीन खगोलविदों ने एक वर्ष को उस समय के रूप में परिभाषित किया जो एक अयनांत या विषुव से अगले उसी अयनांत या विषुव तक जाने में लगता है, उदाहरण के लिए शीत अयनांत से अगले शीत अयनांत तक।

हम अपने आसपास के परिवर्तनों को देखकर समय मापते हैं। उदाहरण के लिए, एक दिन एक सूर्यास्त से अगले सूर्यास्त तक का समय है। यह अवधि सूर्य को आकाश में उसी स्थान पर वापस आने में लगने वाले समय को दर्शाती है।

प्राचीन मिस्रवासी दिन को 24 घंटों में बाँटने वाले पहले लोग थे। लेकिन भले ही हम अक्सर एक दिन को ठीक 24 घंटे का मानते हैं, यह पूरी तरह ऐसा नहीं है। इसका कारण पृथ्वी की जटिल गतियाँ हैं। जब पृथ्वी घूमती है, तो वह सूर्य के चारों ओर अपनी कक्षा में आगे भी बढ़ती रहती है। इस आगे बढ़ने का मतलब है कि दूर के तारों की तुलना में एक पूरा चक्कर पूरा करने के बाद भी, सूर्य को एक दिन से अगले दिन तक आकाश में उसी स्थिति में दिखाने के लिए पृथ्वी को थोड़ा और घूमना पड़ता है।

शीत अयनांत वर्ष का सबसे छोटा दिन होता है, जबकि ग्रीष्म अयनांत सबसे लंबा दिन होता है। वसंत विषुव वसंत का वह दिन है जब दिन और रात की लंबाई लगभग बराबर होती है, और शरद विषुव शरद ऋतु में इसी संतुलन को दर्शाता है। प्राचीन खगोलविदों ने एक वर्ष को उस समय के रूप में परिभाषित किया जो एक अयनांत या विषुव से अगले उसी अयनांत या विषुव तक जाने में लगता है, उदाहरण के लिए शीत अयनांत से अगले शीत अयनांत तक।

हम अपने आसपास के परिवर्तनों को देखकर समय मापते हैं। उदाहरण के लिए, एक दिन एक सूर्यास्त से अगले सूर्यास्त तक का समय है। यह अवधि सूर्य को आकाश में उसी स्थान पर वापस आने में लगने वाले समय को दर्शाती है।

प्राचीन मिस्रवासी दिन को 24 घंटों में बाँटने वाले पहले लोग थे। लेकिन भले ही हम अक्सर एक दिन को ठीक 24 घंटे का मानते हैं, यह पूरी तरह ऐसा नहीं है। इसका कारण पृथ्वी की जटिल गतियाँ हैं। जब पृथ्वी घूमती है, तो वह सूर्य के चारों ओर अपनी कक्षा में आगे भी बढ़ती रहती है। इस आगे बढ़ने का मतलब है कि दूर के तारों की तुलना में एक पूरा चक्कर पूरा करने के बाद भी, सूर्य को एक दिन से अगले दिन तक आकाश में उसी स्थिति में दिखाने के लिए पृथ्वी को थोड़ा और घूमना पड़ता है।

यदि पृथ्वी अपनी कक्षा में आगे न बढ़ती, तो एक पूरा घूर्णन लगभग 23 घंटे, 56 मिनट और 4 सेकंड लेता। इसे **नाक्षत्र दिवस** कहा जाता है, जिसे दूर के तारों की स्थिति से मापा जाता है। लेकिन क्योंकि पृथ्वी हर दिन अपनी कक्षा में लगभग एक डिग्री आगे बढ़ती है, सूर्य को आकाश में उसी जगह लौटने के लिए लगभग चार अतिरिक्त मिनट के घूर्णन की आवश्यकता होती है। इससे **सौर दिवस** बनता है, वही प्रकार का दिन जिसे हम अपनी घड़ियों के साथ उपयोग करते हैं, और यह लगभग 24 घंटे का होता है।

फिर भी, सौर दिवस की लंबाई पूरे वर्ष में थोड़ी-सी बदलती रहती है। पृथ्वी की कक्षा पूर्ण वृत्त नहीं, बल्कि दीर्घवृत्त है, और पृथ्वी की धुरी झुकी हुई है। ये कारण प्रत्येक सौर दिवस की लंबाई में छोटे-छोटे परिवर्तन पैदा करते हैं। समय को स्थिर बनाए रखने के लिए हम **माध्य सौर दिवस को** परिभाषित करते हैं, यानी पूरे वर्ष के सभी सौर दिनों की औसत लंबाई, ठीक 24 घंटे के रूप में।

इस प्रकार, घड़ी की साधारण टिक-टिक के पीछे पृथ्वी के घूर्णन और सूर्य के चारों ओर उसकी यात्रा के बीच एक नाजुक नृत्य छिपा है, एक शांत लेकिन लगातार चलती गति, जिसका हमारा समय-मापन सावधानी से अनुसरण करता है।

आज, एक घंटा माध्य सौर दिवस के 1/24 भाग के रूप में परिभाषित किया जाता है, एक मिनट घंटे के 1/60 भाग के रूप में, और एक सेकंड मिनट के 1/60 भाग के रूप में। लेकिन ये पारंपरिक माप भी सबसे सटीक वैज्ञानिक कार्य के लिए पर्याप्त सटीक नहीं हैं।

60 सेकंड क्यों? 60 मिनट क्यों? 24 घंटे क्यों?

समय ऐसा लग सकता है जैसे वह प्रकृति की ताल पर कदम बढ़ाता है, लेकिन हम उसे जिस तरह मापते हैं, वह प्राचीन मानव निर्णयों, चतुर गणित और थोड़े-से रहस्य से भरा है।

आओ दिन से शुरू करें। पृथ्वी हर 24 घंटे में एक बार घूमती है। खैर, लगभग। यही घूर्णन हमें रात और दिन देता है। इसलिए एक दिन को 24 भागों में बाँटना कुछ हद तक समझ में आता है। लेकिन 24 ही क्यों, 10, 20 या 100 क्यों नहीं?

इसके लिए हमें हजारों वर्ष पीछे प्राचीन बेबिलोन जाना होगा, जो आज के इराक में था। बेबिलोनियों को संख्या 60 बहुत पसंद थी। हमारी तरह 10-10 करके गिनने के बजाय, वे 60 पर आधारित संख्या प्रणाली का उपयोग करते थे। इस प्रणाली को षष्ट्यंशीय कहा जाता है, और यह अब तक उपयोग की गई सबसे पुरानी संख्या प्रणालियों में से एक है। वे 60 को खास मानते थे: इसे 2, 3, 4, 5 और 6 से बराबर-बराबर बाँटा जा सकता है, इसलिए चीज़ों को हिस्सों में बाँटने के लिए यह बिल्कुल बढ़िया था।

इसलिए जब धूपघड़ी बनाने वालों और खगोलविदों जैसे शुरुआती समय-मापकों को समय को टुकड़ों में बाँटना पड़ा, तो उन्होंने बेबिलोनियों से यह तरीका उधार लिया। उन्होंने प्रत्येक घंटे को 60 मिनटों में और प्रत्येक मिनट को 60 सेकंडों में बाँट दिया। इसी कारण तुम्हारी घड़ी तुम्हारे कैलकुलेटर की तरह दशमलव संख्या प्रणाली, यानी आधार 10 संख्या प्रणाली, पर आधारित नहीं है।

अब, एक दिन में 24 घंटे क्यों? यह विचार शायद मिस्रवासियों से आया। उन्होंने धूपघड़ियों की मदद से दिन को 10 भागों में बाँटा, और सुबह के लिए एक घंटा तथा शाम के लिए एक घंटा जोड़कर 12 बनाए। उन्होंने रात के लिए भी ऐसा ही किया, अँधेरे को 12 भागों में बाँटने के लिए तारों का उपयोग किया। इन्हें जोड़ो: 12 घंटे दिन के उजाले के और 12 घंटे रात के, यानी पूरे दिन में 24 घंटे।

तो अगली बार जब तुम समय देखो, तो याद रखना: तुम्हारी घड़ी पर दिखने वाली संख्याएँ हजारों वर्ष पहले के तारा-निहारने वालों, धूपघड़ी बनाने वालों और गणित-प्रेमियों से आई हैं। तुम अपनी जेब में प्राचीन इतिहास का एक छोटा-सा टुकड़ा लेकर चल रहे हो।

वैज्ञानिक समय को कैसे परिभाषित करते हैं

मानव इतिहास के अधिकतर समय में लोग प्राकृतिक संसार को देखकर समय मापते थे: सूर्य की गति, बदलती ऋतुएँ, और तारों का उगना तथा डूबना। एक दिन को एक सूर्योदय से अगले सूर्योदय तक मापा जाता था, और एक वर्ष को एक वसंत से अगले वसंत तक। ये तरीके रोज़मर्रा के जीवन के लिए अच्छे थे, लेकिन विज्ञान के लिए पर्याप्त सटीक नहीं थे।

जैसे-जैसे तकनीक बेहतर हुई, वैज्ञानिक समय को बहुत अधिक सटीक ढंग से मापने का तरीका चाहते थे। उन्हें ऐसी परिभाषा चाहिए थी जो हमेशा एक जैसी रहे, चाहे उसे कहीं भी या कभी भी उपयोग किया जाए।

चित्र 14: सीज़ियम-133 का कंपन

शुरुआत में वैज्ञानिकों ने एक दिन को छोटे भागों में बाँटकर सेकंड को परिभाषित किया। एक दिन को 24 घंटों में, हर घंटे को 60 मिनटों में, और हर मिनट को 60 सेकंडों में बाँटा गया। इसलिए एक सेकंड को पूरे दिन के 1/86,400 भाग के रूप में परिभाषित किया गया। लेकिन बाद में वैज्ञानिकों ने पाया कि पृथ्वी के घूर्णन में छोटे-छोटे बदलावों के कारण दिन की लंबाई समय के साथ थोड़ी बदलती रहती है। इतना ही नहीं, पृथ्वी का घूर्णन हर साल बहुत ही नन्हे-से अंश से धीमा भी हो रहा है। इसका मतलब है कि सेकंड को परिभाषित करने के लिए पृथ्वी की गति का उपयोग करना भरोसेमंद तरीका नहीं है।

1967 में वैज्ञानिकों ने परमाणुओं का उपयोग करके एक बेहतर परिभाषा बनाई। परमाणु हमारे चारों ओर की हर चीज़ के नन्हे निर्माण खंड होते हैं। उन्होंने सीज़ियम-133 परमाणु को चुना, क्योंकि वह बहुत स्थिर दर से कंपन करता है। वैज्ञानिकों ने पाया कि जब परिस्थितियाँ सही होती हैं, तो एक सीज़ियम परमाणु हर सेकंड ठीक 9,192,631,770 कंपन देता है।

इसलिए आज, एक सेकंड को आधिकारिक रूप से उस समय के रूप में परिभाषित किया जाता है जो विशेष परिस्थितियों में सीज़ियम-133 परमाणु के 9,192,631,770 कंपनों में लगता है। यह तरीका अत्यंत सटीक है और **परमाणु घड़िय**ोंमें उपयोग किया जाता है, जो समय को इतनी सही तरह रखती हैं कि वे लाखों वर्षों में केवल लगभग एक सेकंड ही आगे या पीछे होंगी।

इस सावधानीपूर्वक काम की बदौलत वैज्ञानिकों के पास अब समय की ऐसी परिभाषा है जो स्थिर, सटीक और पूरी दुनिया में विश्वसनीय है। इससे भी अधिक महत्वपूर्ण बात यह है कि सही उपकरण वाला कोई भी वैज्ञानिक समय को ठीक-ठीक माप सकता है।

कैलेंडर

कैलेंडर कम से कम 10,000 वर्षों से उपयोग में हैं। यह लगभग 500 पीढ़ियाँ होती हैं। हो सकता है कि आपके 499वें परदादा-परदादी ने भी कैलेंडर का उपयोग किया हो!

हज़ारों वर्षों से लोगों को समय का हिसाब रखने के तरीके चाहिए थे, केवल घंटों और दिनों का नहीं, बल्कि महीनों, ऋतुओं और वर्षों का भी। कैलेंडर बनाए गए ताकि लोग अपना जीवन व्यवस्थित कर सकें, खेती के मौसम की योजना बना सकें, त्योहार मना सकें, और महत्वपूर्ण घटनाओं का उत्सव कर सकें।

चित्र 15: माया कैलेंडर

सबसे शुरुआती कैलेंडर उन चीज़ों पर आधारित थे जिन्हें लोग आसानी से देख सकते थे: सूर्य, चंद्रमा और तारों की गतियाँ। कुछ प्राचीन लोगों ने, जैसे बेबीलोनियों ने, चंद्रमा के चक्रों का उपयोग करके चंद्र कैलेंडर बनाए। एक **चंद्र महीन** ा, यानी एक अमावस्या से अगली अमावस्या तक का समय, लगभग 29.5 दिन लंबा होता है। बारह चंद्र महीने मिलकर लगभग 354 दिन बनाते हैं, जो एक पूरे सौर वर्ष से छोटा होता है।

दूसरी सभ्यताओं ने, जैसे प्राचीन मिस्रवासियों ने, देखा कि आकाश में सूर्य का मार्ग और बदलती ऋतुएँ बहुत नियमित थीं। उन्होंने सूर्य के चारों ओर पृथ्वी की यात्रा पर आधारित सौर कैलेंडर बनाए, जिसमें लगभग 365 दिन लगते हैं। मिस्रवासियों ने तो हर चार वर्ष में एक विशेष दिन भी जोड़ा, कुछ-कुछ हमारे आधुनिक लीप वर्ष की तरह, ताकि उनका कैलेंडर ऋतुओं के साथ मेल खाता रहे।

चित्र 16: रोमन कैलेंडर – श्रेय Kleuske

बाद में रोमनों ने जूलियन कैलेंडर विकसित किया, जिसे जूलियस सीज़र ने 45 BCE में शुरू किया था। इस कैलेंडर में एक वर्ष में 365 दिन थे, और हर चार वर्ष में एक लीप दिन जोड़ा जाता था, ताकि हर वर्ष बच जाने वाले अतिरिक्त चौथाई दिन की भरपाई हो सके। लेकिन जूलियन कैलेंडर थोड़ा-सा गलत था: यह हर वर्ष लगभग 11 मिनट अधिक लंबा था। सदियों में ये छोटी-छोटी गलतियाँ जमा होती गईं, जिससे कैलेंडर ऋतुओं से तालमेल खोने लगा।

इसे ठीक करने के लिए, 1582 में पोप ग्रेगरी XII ने एक नई प्रणाली शुरू की:

ग्रेगोरियन कैलेंडर, जो आज दुनिया के अधिकांश हिस्सों में उपयोग किया जाने वाला कैलेंडर है। ग्रेगोरियन कैलेंडर ने एक छोटा लेकिन महत्वपूर्ण सुधार किया: इसने हर चार वर्ष में लीप वर्ष रखा, लेकिन उन वर्षों में लीप वर्ष छोड़ दिया जो ठीक-ठीक 100 से विभाजित होते हैं, जब तक कि वे 400 से भी विभाजित न हों। इससे कैलेंडर पृथ्वी की सूर्य के चारों ओर वास्तविक कक्षा से काफ़ी निकटता से मेल खाता रहता है।

आज के कैलेंडर में 12 महीने होते हैं। अधिकांश महीनों में 30 या 31 दिन होते हैं, सिवाय फरवरी के, जिसमें आमतौर पर 28 दिन होते हैं, या लीप वर्ष में 29 दिन। हमारा वर्ष सौर चक्र पर आधारित है, जिससे हमारी ऋतुएँ, वसंत, ग्रीष्म, पतझड़ और सर्दी, अपनी सही जगह पर बनी रहती हैं। फिर भी, पृथ्वी की गतियों के साथ हमारे कैलेंडर को तालमेल में रखने की इतनी कोशिशों के बाद भी, छोटी-छोटी असमानताएँ फिर भी धीरे से घुस सकती हैं।

लीप सेकंड

लीप सेकंड एक विशेष समायोजन है, जो हमारी घड़ियों को पृथ्वी की प्राकृतिक गतियों के साथ तालमेल में रखने के लिए किया जाता है। भले ही हम परमाणु घड़ियों का उपयोग करके एक सेकंड को बहुत सटीक रूप से परिभाषित करते हैं, फिर भी पृथ्वी का घूर्णन पूरी तरह स्थिर नहीं है। यह चंद्रमा के खिंचाव, भूकंपों, या समुद्री धाराओं में बदलाव जैसी चीज़ों के कारण थोड़ा तेज़ या धीमा हो सकता है।

चित्र 17: लीप सेकंड

इन बहुत छोटे बदलावों के कारण, पृथ्वी के घूर्णन से मापा गया समय, जिसे **सार्वभौमिक समय** कहा जाता है, कभी-कभी परमाणु घड़ियों द्वारा रखे गए समय, जिसे **अंतरराष्ट्रीय परमाणु समय** कहा जाता है, से थोड़ा हट जाता है। इसे ठीक करने के लिए वैज्ञानिक सार्वभौमिक समय में एक लीप सेकंड जोड़ते हैं।

लीप सेकंड का निर्णय International Earth Rotation and Reference Systems Service, या IERS, नामक एक समूह करता है। वे परमाणु समय और पृथ्वी के घूर्णन के बीच के अंतर को बहुत सावधानी से मापते हैं। जब यह अंतर लगभग 0.9 सेकंड के करीब पहुँच जाता है, तो वे घोषणा करते हैं कि एक लीप सेकंड जोड़ा जाएगा।

लीप सेकंड आमतौर पर 30 जून या 31 दिसंबर के अंत में जोड़े जाते हैं। जब लीप सेकंड जोड़ा जाता है, तो घड़ी 00:00:00 पर जाने से पहले 23:59:60 दिखाती है। यह नन्हा अतिरिक्त सेकंड सार्वभौमिक समय को, यानी वह समय जिसे हम रोज़मर्रा में उपयोग करते हैं, पृथ्वी की प्राकृतिक लय के साथ मिलाए रखने में मदद करता है।

लीप सेकंड दुर्लभ होते हैं। जब इन्हें पहली बार 1972 में शुरू किया गया था, तब से अब तक केवल कुछ दर्जन ही जोड़े गए हैं।

दिन का समय

सबसे शुरुआती 'घड़ियाँ' असल में मशीनें थीं ही नहीं। हज़ारों साल पहले मिस्रवासियों जैसी प्राचीन सभ्यताओं ने **धूपघड़ियों** का उपयोग किया, जो सूर्य की छाया को एक चिह्नित सतह पर चलते देखकर समय मापती थीं। धूपघड़ियाँ धूप वाले दिनों में अच्छी तरह काम करती थीं, लेकिन रात में या बादल वाले मौसम में बेकार हो जाती थीं।

जब सूर्य दिखाई नहीं देता था, तब समय बताने के लिए लोगों ने **जल घड़िय** ाँबनाईं, जिन्हें क्लेप्सिड्रा भी कहा जाता है। ये यंत्र पानी के एक बर्तन से दूसरे बर्तन में नियमित रूप से बहने से समय मापते थे। प्राचीन मिस्रवासियों और यूनानियों ने भाषणों और रात के कार्यक्रमों का समय मापने के लिए जल घड़ियों का उपयोग किया।

बाद में लोगों ने यांत्रिक घड़ियाँ बनाईं। 1300 के दशक तक यूरोप के नगरों में बड़ी यांत्रिक घड़ियाँ बनाई जाने लगीं, जिन्हें अक्सर गिरजाघरों की मीनारों में लगाया जाता था। ये घड़ियाँ समय का हिसाब रखने के लिए गियरों, वज़नों और झूलती भुजाओं का उपयोग करती थीं। फिर भी, आज के मानकों से वे बहुत सटीक नहीं थीं। कभी-कभी वे एक ही दिन में कई घंटे आगे या पीछे हो जाती थीं।

यांत्रिक घड़ियों के आविष्कार से पहले

अपने हाथों का उपयोग करना

लोगों ने सूर्य की स्थिति से दिन का समय बताने के कई तरीके खोजे। उदाहरण के लिए, कुछ मूल अमेरिकी समूह सूर्यास्त तक बचा हुआ समय अनुमान लगाने के लिए अपने हाथों का उपयोग करते थे। यह तरीका सरल था, लेकिन बहुत चतुर भी।

मूल अमेरिकी लोग अपना हाथ बाँह की पूरी लंबाई पर आगे रखते थे, हथेली अपनी ओर रखते हुए, और क्षितिज तथा सूर्य के बीच अपनी उँगलियों को गिनते थे। प्रत्येक उँगली लगभग पंद्रह मिनट का समय दर्शाती थी। सूर्य और क्षितिज के बीच कितनी उँगलियाँ आ सकती हैं, यह गिनकर वे अनुमान लगा सकते थे कि सूर्यास्त होने में कितना समय बाकी है। इस उपयोगी तरीके से वे घड़ियों की आवश्यकता के बिना अपनी गतिविधियों की योजना बना सकते थे, और इसके लिए वे प्राकृतिक दुनिया के सावधान अवलोकन पर भरोसा करते थे।

ज़मीन पर छायाएँ

चित्र 18: ज़मीन पर छाया बनाती हुई लकड़ी

यांत्रिक घड़ियों के आविष्कार से पहले लोग दिन में समय मापने के लिए छायाओं की गति का उपयोग करते थे। यह तरीका इसलिए काम करता है क्योंकि पृथ्वी के घूमने पर आकाश में सूर्य की दिखाई देने वाली स्थिति बदलती है। जैसे-जैसे सूर्य चलता हुआ प्रतीत होता है, ज़मीन पर छायाओं की लंबाई और दिशा भी अनुमानित ढंग से बदलती हैं।

जब सूर्य पूर्व में उगता है, तो छायाएँ लंबी होकर पश्चिम की ओर फैलती हैं। जैसे-जैसे सूर्य आकाश में ऊपर चढ़ता है, छायाएँ छोटी होती जाती हैं। दोपहर के आसपास, जब सूर्य आकाश में सबसे ऊँचा होता है, छायाएँ सबसे छोटी होती हैं। दोपहर के बाद, जब सूर्य पश्चिम की ओर नीचे जाता है, छायाएँ फिर लंबी होने लगती हैं, इस बार पूर्व की ओर फैलती हुई।

धूपघड़ी न होने पर भी, अनुभवी पर्यवेक्षक दिन भर छायाओं में होने वाले बदलावों को देखकर लगभग बता सकते थे कि समय क्या हुआ है। छायाओं के सावधान अध्ययन ने प्राचीन सभ्यताओं को अपने दिन व्यवस्थित करने और महत्वपूर्ण गतिविधियों की योजना बनाने के बेहतर तरीके विकसित करने में मदद की। यही सरल-सी तरकीब आगे चलकर धूपघड़ियों के आविष्कार तक पहुँची। *पृष्ठ 69 पर दी गई लकड़ी घड़ी गतिविधि आज़माएँ।*

धूपघड़ियाँ

चित्र 19: धूपघड़ी

धूपघड़ ी का उपयोग कई संस्कृतियों में किया गया, जिनमें मध्य पूर्वी, उत्तर अफ़्रीकी, चीनी, एशियाई भारतीय, माया और यूरोपीय संस्कृतियाँ शामिल थीं। धूपघड़ी में एक आधार होता है, जिस पर दिन का समय बताने के लिए चिह्न बने होते हैं, और एक ग्नोमन होता है। धूपघड़ी के ठीक से काम करने के लिए ग्नोमन को सही उत्तर की ओर इशारा करना चाहिए। सही उत्तर वह दिशा है जो उत्तरी ध्रुव की ओर जाती है। इसके अलावा, ग्नोमन को धूपघड़ी के अक्षांश, यानी भूमध्य रेखा से उसकी दूरी, के आधार पर झुकाया जाना चाहिए।

धूपघड़ी का उपयोग करने के लिए व्यक्ति देखता है कि सूर्य के कारण ग्नोमन की छाया आधार पर कहाँ पड़ रही है। यदि धूपघड़ी पर

बने चिह्न सही हों, तो दिन का लगभग समय पढ़ा जा सकता है। पृष्ठ *70* पर दी गई धूपघड़ी गतिविधि आज़माएँ।

जानवरों के व्यवहार का अवलोकन

घड़ियों के आविष्कार से बहुत पहले, लोग समय के बीतने को समझने के लिए अक्सर प्रकृति को देखते थे। एक उपयोगी तरीका था जानवरों के दैनिक व्यवहार का अवलोकन करना। कई जानवर प्राकृतिक लयों का पालन करते हैं, जो दिन और रात के चक्र से जुड़ी होती हैं। इन पैटर्नों पर ध्यान देकर लोग दिन के समय का अनुमान लगा सकते थे।

चित्र 20: भोर की सूचना देता मुर्गा

उदाहरण के लिए, मुर्गे सुबह जल्दी बाँग देने के लिए प्रसिद्ध हैं, अक्सर सूर्योदय से ठीक पहले। मुर्गे की बाँग सुनना इस बात का संकेत था कि नया दिन शुरू हो रहा है।

पक्षी भी उपयोगी संकेत देते हैं। कई गाने वाले पक्षी, जैसे रॉबिन और गौरैया, भोर और सुबह के शुरुआती घंटों में सबसे अधिक गाते हैं। उनके सुबह के गीत लोगों को यह जानने में मदद करते थे कि दिन अभी शुरुआती समय में है।

दूसरे जानवर शाम के समय स्पष्ट व्यवहार पैटर्न दिखाते हैं। उदाहरण के लिए, झींगुर सूर्यास्त के समय हवा ठंडी होने पर अधिक बार चहचहाने लगते हैं। झींगुरों की लगातार चहचहाहट सुनना यह जानने का एक प्राकृतिक तरीका था कि रात पास आ रही है।

यहाँ तक कि गाय और भेड़ जैसे पालतू पशुओं का उपयोग भी समय का अंदाज़ा लगाने के लिए किया जा सकता है। गायें अक्सर सूर्यास्त के पास एक साथ इकट्ठी हो जाती हैं, जब वे अपने बाड़ों में लौटने की तैयारी करती हैं। किसानों ने अपने रोज़मर्रा के काम संभालने के लिए इन आदतों पर ध्यान देना सीखा।

जानवरों की प्राकृतिक आदतों को सावधानी से देखकर लोग बिना किसी उपकरण के समय का हिसाब रख पाते थे। प्रकृति ने उन्हें एक जीवित, चलती-फिरती घड़ी दे दी थी।

रेतघड़ी

फ़ोन के बजने या घड़ियों के बीप करने से बहुत पहले, लोग बहती हुई रेत से समय बताते थे। उनके द्वारा उपयोग किए जाने वाले सबसे सुंदर और भरोसेमंद उपकरणों में से एक थी रेतघड़ी।

रेतघड़ी समय मापने का एक उपकरण है, जो काँच के दो गोल भागों से बनी होती है। ये दोनों भाग बीच में एक सँकरे रास्ते से जुड़े होते हैं, जैसे कमर। अंदर, ऊपर वाले गोल भाग में महीन रेत की एक नापी हुई मात्रा रखी होती है। जब रेतघड़ी को उल्टा किया जाता है, तो रेत एक-एक कण करके नीचे वाले गोल भाग में गिरने लगती है।

चित्र 21: रेतघड़ी

रेतघड़ी गुरुत्वाकर्षण का उपयोग करके काम करती है। गुरुत्वाकर्षण वह प्राकृतिक खिंचाव है जो चीज़ों को नीचे की ओर खींचता है। रेत बीच के सँकरे भाग से एक स्थिर गति से बहती है, क्योंकि उस छोटे से छेद से एक समय में केवल कुछ ही रेत के कण गुजर सकते हैं। इससे बहुत अनुमानित प्रवाह बनता है, जो रेतघड़ी को आश्चर्यजनक सटीकता से समय मापने देता है।

जब सारी रेत ऊपर वाले गोल भाग से नीचे वाले गोल भाग में पहुँच जाती है, तो एक निश्चित समय बीत चुका होता है। यह समय आमतौर पर एक घंटा, तीस मिनट, या केवल कुछ मिनट हो सकता है, यह उसके डिज़ाइन पर निर्भर करता है।

रेतघड़ी को फिर से उपयोग करने के लिए, आप बस उसे पलट देते हैं, और रेत अपनी यात्रा फिर से शुरू कर देती है।

रेतघड़ियों का उपयोग कई सदियों तक नाविकों, भिक्षुओं और वैज्ञानिकों ने किया। जहाज़ों पर वे विशेष रूप से उपयोगी थीं, क्योंकि वे न तो सूर्य के प्रकाश पर निर्भर थीं और न ही आग की लौ पर। भिक्षु उनका उपयोग प्रार्थनाओं की अवधि मापने के लिए करते थे। कार्यशालाओं और रसोईघरों में लोग छोटी रेतघड़ियों से भाषणों, व्यंजनों, या यहाँ तक कि खेलों का समय मापते थे।

आज भी आपको छोटी रेतघड़ियाँ बोर्ड खेलों, कक्षाओं, या सजावट की वस्तुओं के रूप में मिल सकती हैं। वे चुपचाप फिसलते हुए समय के सुंदर प्रतीक हैं।

रेतघड़ी हमें याद दिलाती है कि समय एक ही दिशा में बहता है, भविष्य से वर्तमान में, और फिर अतीत में। गिरती हुई रेत की तरह, समय को पीछे नहीं धकेला जा सकता। आप रेतघड़ी को पलट सकते हैं, लेकिन वह उसी क्षण में वापस नहीं लौटती। वह बस फिर से शुरू होती है।

मज़ेदार तथ्य: कुछ रेतघड़ियाँ रेत का उपयोग बिल्कुल नहीं करतीं! कुछ में संगमरमर का चूरा, काँच के मोती, या यहाँ तक कि तरल पदार्थ भी उपयोग किए जाते हैं। सबसे महत्वपूर्ण बात सामग्री नहीं, बल्कि प्रवाह की समानता है। *पृष्ठ 72 पर दी गई रेतघड़ी गतिविधि आज़माएँ।*

जल घड़ियाँ (क्लेप्सीड्रा)

जल घड़ी जिसे क्लेप्सिड्रा भी कहा जाता है, समय मापने के लिए मनुष्यों द्वारा उपयोग किए गए सबसे पुराने उपकरणों में से एक है। यह मिनटों और घंटों के बीतने का पता लगाने के लिए पानी के स्थिर प्रवाह का उपयोग करती है।

चित्र 22: चीनी जल घड़ी

जल घड़ी का मूल विचार सरल है। पानी धीरे-धीरे एक बर्तन से दूसरे बर्तन में टपकता या बहता था। पानी एक बर्तन से दूसरे बर्तन में कितना गया, इसे सावधानी से मापकर लोग बता सकते थे कि कितना समय बीत चुका है। कुछ क्लेप्सिड्रा में बर्तन के अंदर चिह्न बने होते थे, जो पानी के स्तर के ऊपर या नीचे जाने पर अलग-अलग समय अंतराल दिखाते थे।

अलग-अलग सभ्यताओं ने अलग-अलग प्रकार की जल घड़ियाँ बनाईं। प्राचीन मिस्र और बेबीलोन में जल घड़ियों का उपयोग रात में समय मापने के लिए किया जाता था, जब धूपघड़ियाँ काम नहीं कर सकती थीं। प्राचीन यूनान में जल घड़ियाँ अदालतों में भाषणों को न्यायसंगत रखने में मदद करती थीं, क्योंकि वे यह सीमित करती थीं कि कोई व्यक्ति कितनी देर तक बोल सकता है। चीन में अधिक जटिल जल घड़ियाँ विकसित की गईं, जिनमें लंबे समय की अवधि मापने के लिए गियर और पहिए लगे होते थे।

जल घड़ियाँ बहुत सावधानी से बनानी पड़ती थीं। यदि छेद बहुत बड़ा या बहुत छोटा होता, तो पानी बहुत तेज़ या बहुत धीमा बहता, जिससे घड़ी गलत हो जाती। तापमान और आर्द्रता भी पानी के बहाव को प्रभावित कर सकते थे।

भले ही जल घड़ियाँ आधुनिक घड़ियों जितनी सटीक नहीं थीं, फिर भी वे लोगों को दिन को छोटे, अनुमानित भागों में बाँटने में मदद करने की दिशा में एक महत्वपूर्ण कदम थीं। उन्होंने दिखाया कि समय को सावधानी से मापा जा सकता है, केवल सूर्य की स्थिति या छाया की लंबाई देखकर अनुमान ही नहीं लगाया जा सकता। *पृष्ठ 75 पर दी गई जल घड़ी गतिविधि आज़माएँ।*

मोमबत्ती घड़ियाँ

मोमबत्ती घड़ी समय मापने का एक सरल लेकिन चतुर तरीका है। इसका उपयोग उस समय से बहुत पहले किया जाता था, जब लोगों के पास यांत्रिक घड़ियाँ थीं। यह इस तरह काम करती है:

मोमबत्ती घड़ी बस एक ऐसी मोमबत्ती होती है, जिसे विशेष रूप से इस तरह बनाया जाता है कि वह हर बार एक स्थिर गति से जले। इसका मतलब है कि वह समय के साथ एक ही गति से पिघलती और छोटी होती जाती है। मोमबत्ती

जलाने से पहले लोग उसके किनारे पर रेखाएँ बना देते थे, जिससे वह बराबर भागों में बँट जाती थी। उदाहरण के लिए, यदि किसी मोमबत्ती को छह घंटे तक जलना था, तो उस पर छह निशान हो सकते थे, जिनमें से हर निशान एक घंटे के बीतने को दिखाता था।

जब मोमबत्ती जलाई जाती थी, तो लौ धीरे-धीरे मोम को पिघलाती थी। जैसे-जैसे मोमबत्ती जलकर छोटी होती जाती और लौ हर निशान को पार करती, वह दिखाती कि एक निश्चित मात्रा में समय बीत चुका है। कुछ मोमबत्ती घड़ियों में मोम के अंदर छोटी धातु की गोलियाँ भी होती थीं। जब लौ किसी गोली के चारों ओर का मोम पिघला देती, तो गोली धातु की थाली पर गिरती और तेज़ आवाज़ करती, जो समय बीतने का संकेत देती थी।

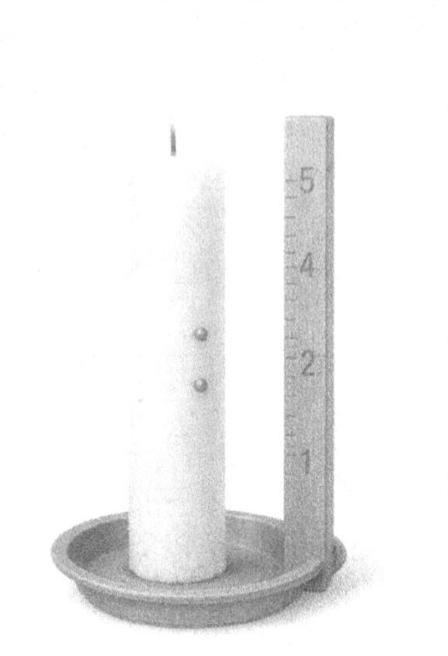

चित्र 23: मोमबत्ती घड़ी

मोमबत्ती घड़ियाँ अक्सर घरों के अंदर उपयोग की जाती थीं, खासकर रात में, जब समय बताने के दूसरे तरीके, जैसे सूर्य की छाया का उपयोग करना, संभव नहीं होते थे। वे बैठकों, प्रार्थनाओं, या काम के घंटों का समय मापने में सहायक थीं। *पृष्ठ 74 पर दी गई मोमबत्ती घड़ी गतिविधि आज़माएँ।*

धूप घड़ियाँ

धूप घड़ी एक बहुत रोचक तरीका था, जिससे प्राचीन समय में लोग समय मापते थे, खासकर चीन और जापान में। यह इस तरह काम करती थी:

चित्र 24: चीनी धूप घड़ी

धूप घड़ी में धूप की एक विशेष छड़ी या कुंडली का उपयोग किया जाता था, जो एक स्थिर और ज्ञात गति से जलती थी। धूप एक ऐसा पदार्थ है, जो जलने पर अच्छी सुगंध देता है, और धीरे-धीरे जलते समय धुआँ पैदा करता है। लोग धूप की छड़ियाँ या कुंडलियाँ बनाते थे, जिन पर रेखाएँ बनी होती थीं या जिन्हें विशेष आकारों में बनाया जाता था, ताकि धूप को एक बिंदु से दूसरे बिंदु तक जलने में लगने वाला समय सावधानी से मापा जा सके।

कुछ धूप घड़ियाँ सीधी छड़ियों के रूप में होती थीं, जिन्हें किसी सतह पर सपाट रखा जाता था। उन पर कुछ निश्चित स्थानों पर धातु या अन्य पदार्थों के छोटे संकेतक रखे जाते थे। जब जलती हुई धूप इनमें से किसी संकेतक तक

पहुँचती, तो वह संकेतक धातु की थाली पर गिर जाता और हल्की-सी आवाज़ करता। इससे पता चलता कि समय की एक निश्चित मात्रा बीत चुकी है।

दूसरी धूप घड़ियाँ सर्पिल आकार में बनाई जाती थीं, कुछ-कुछ घोंघे के खोल जैसी। ये कई घंटों तक जल सकती थीं, और जैसे-जैसे लौ सर्पिल रास्ते पर आगे बढ़ती, लोग यह देखकर बता सकते थे कि कितना समय बीत चुका है कि धूप कितनी दूर तक जल चुकी है।

धूप घड़ियाँ उपयोगी थीं, क्योंकि वे घर के अंदर अच्छी तरह काम करती थीं, सुखद सुगंध देती थीं, और दूसरी तरह की घड़ियों की तुलना में शांत और कोमल थीं। उनका उपयोग अक्सर मंदिरों, घरों, और यहाँ तक कि महत्वपूर्ण समारोहों के दौरान भी बीतते घंटों का हिसाब रखने के लिए किया जाता था।

रात में तारों की स्थितियाँ

रात में आप यह देखकर समय बता सकते हैं कि तारे आकाश में कैसे चलते दिखाई देते हैं। तारे चलते हुए इसलिए दिखाई देते हैं, क्योंकि पृथ्वी घूमती है। यदि आपको पता हो कि कुछ विशेष तारे कहाँ होने चाहिए, तो आप उनका उपयोग एक विशाल घड़ी की तरह कर सकते हैं।

चित्र 25: रात में तारे

समय बताने के लिए सबसे महत्वपूर्ण तारों में से एक है पोलारिस, जिसे उत्तर तारा भी कहा जाता है। यह लगभग हिलता हुआ नहीं दिखता, क्योंकि यह पृथ्वी के उत्तरी ध्रुव के ठीक ऊपर स्थित है। पोलारिस को खोजने के लिए आप बिग डिपर का उपयोग कर सकते हैं, जो तारों का एक समूह है और चम्मच जैसा दिखता है। बिग डिपर के 'कटोरे' के किनारे पर मौजूद दो तारे लगभग सीधे पोलारिस की ओर इशारा करते हैं।

जब आप पोलारिस को खोज लेते हैं, तो आप कल्पना कर सकते हैं कि पूरा आकाश उसके चारों ओर घूम रहा है, जैसे घड़ी की सुइयाँ। बिग डिपर 24 घंटों में एक बार पोलारिस के चारों ओर घूमता दिखाई देता है। शाम को बिग डिपर उत्तरी आकाश में नीचे हो सकता है। रात में बाद में वह ऊपर दिखाई देगा या उल्टा भी दिखाई दे सकता है। बिग डिपर की स्थिति आपको बताती है कि शाम शुरू होने के बाद कितने घंटे बीत चुके हैं।

दक्षिणी गोलार्ध में लोग एक अलग तरीका उपयोग करते हैं। वे सदर्न क्रॉस को खोजते हैं, जो पतंग के आकार जैसा तारों का एक समूह है। वे सदर्न क्रॉस से दक्षिणी क्षितिज तक जाती हुई एक रेखा की कल्पना करते हैं। सदर्न क्रॉस का झुकाव समय बताने में मदद कर सकता है, ठीक वैसे ही जैसे उत्तर में बिग डिपर करता है।

यह तरीका घड़ी जितना सटीक नहीं है, लेकिन यह आपको समय का अच्छा अंदाज़ा दे सकता है, खासकर यदि आप अभ्यास करें!

यांत्रिक घड़ियाँ

1200 के दशक में, यूरोप में, लोगों ने पहली यांत्रिक घड़ियाँ बनाई थीं। ये घड़ियाँ समय मापने के लिए भारी वज़नों, गियरों, और एस्केपमेंट नामक एक उपकरण का उपयोग करती थीं। एस्केपमेंट गियरों की गति को नियंत्रित करता था, जिससे समय टिक-टिक करके नियमित रूप से आगे बढ़ता रहता था।

चित्र 26: वज़न से चलने वाली घड़ी

शुरुआत में यांत्रिक घड़ियाँ बहुत बड़ी होती थीं और मीनारों के अंदर बनाई जाती थीं। वे हर घंटे की सूचना देने के लिए घंटियाँ बजाती थीं, ताकि पूरा नगर सुन सके। इन घड़ियों पर अभी चेहरा या सुइयाँ नहीं होती थीं। वे केवल घंटियों की ध्वनि करती थीं।

बाद में, लगभग 1300 के दशक में, घड़ी बनाने वालों ने घड़ी के चेहरे और घंटे की सुई जोड़ना शुरू किया। 1600 के दशक तक उन्होंने मिनट की सुई भी जोड़ दी। अब लोग समय को केवल सुन ही नहीं सकते थे, बल्कि देख भी सकते थे।

पेंडुलम घड़ियाँ: एक विशाल छलांग

1656 में, क्रिस्टियान ह्यूजेंस नामक एक डच वैज्ञानिक ने पेंडुलम घड़ी का आविष्कार किया। पेंडुलम एक झूलता हुआ वज़न होता है। ह्यूजेंस ने खोजा कि पेंडुलम एक नियमित लय में आगे-पीछे झूलता है। पेंडुलम को यांत्रिक घड़ी से जोड़कर उन्होंने घड़ियों को बहुत अधिक सटीक बना दिया। अब वे हर दिन मिनटों के बजाय केवल कुछ सेकंड ही आगे या पीछे होती थीं!

चित्र 27: क्रिस्टियान ह्यूजेंस की पेंडुलम घड़ी

पेंडुलम घड़ियाँ जल्दी ही लोकप्रिय हो गईं, खासकर गिरजाघरों, सरकारी भवनों, और धनी घरों के लिए।

स्प्रिंग से चलने वाली घड़ियाँ: समय पोर्टेबल बनता है

पेंडुलम घड़ियों के कुछ समय बाद, आविष्कारकों ने स्प्रिंग से चलने वाली घड़ियाँ बनाईं। भारी वज़नों का उपयोग करने के बजाय, ये घड़ियाँ कुंडलीदार स्प्रिंगों से चलती थीं। इससे वे छोटी और पोर्टेबल बन गईं। 1700 और 1800 के

दशकों तक लोग अपने घरों में निजी घड़ियाँ रख सकते थे, और बाद में, अपने साथ ले जाने के लिए छोटी पॉकेट घड़ियाँ भी रख सकते थे।

विद्युत घड़ियाँ: समय को शक्ति मिलती है

1800 के दशक में बिजली ने दुनिया को बदलना शुरू किया। उसने घड़ियों को भी बदल दिया। पहली विद्युत घड़ियाँ गियरों को चलाने के लिए छोटे विद्युत मोटरों का उपयोग करती थीं। कुछ घड़ियाँ पेंडुलम को झुलाते रहने के लिए बिजली का उपयोग करती थीं। ये घड़ियाँ और भी अधिक सटीक थीं और इन्हें ठीक करना भी आसान था।

क्वार्ट्ज घड़ियाँ: एक क्रिस्टल क्रांति

1927 में वैज्ञानिकों ने क्वार्ट्ज घड़ी विकसित की। क्वार्ट्ज एक प्रकार का क्रिस्टल है। जब क्वार्ट्ज से विद्युत धारा गुजरती है, तो वह बहुत स्थिर गति से कंपन करता है, जैसे कोई नन्ही धड़कन। क्वार्ट्ज घड़ियाँ समय बनाए रखने के लिए इन्हीं कंपनों का उपयोग करती हैं। वे अत्यंत सटीक होती हैं, और हर महीने केवल कुछ सेकंड ही आगे या पीछे होती हैं। आज कई घड़ियाँ और कलाई घड़ियाँ, यहाँ तक कि डिजिटल घड़ियाँ भी, क्वार्ट्ज तकनीक का उपयोग करती हैं।

परमाणु घड़ियाँ: समय की महान रखवाली करने वाली घड़ियाँ

हमारे सबसे सटीक समय मापने वाले उपकरणों के हृदय में एक रहस्य छिपा है: स्वयं ब्रह्मांड की लय। **परमाणु घड़िय** ाँ अब तक बनाई गई सबसे सटीक घड़ियाँ हैं, और वे गियर, स्प्रिंग या पेंडुलम का उपयोग नहीं करतीं। इसके बजाय, वे परमाणुओं के अदृश्य नृत्य का उपयोग करके समय मापती हैं।

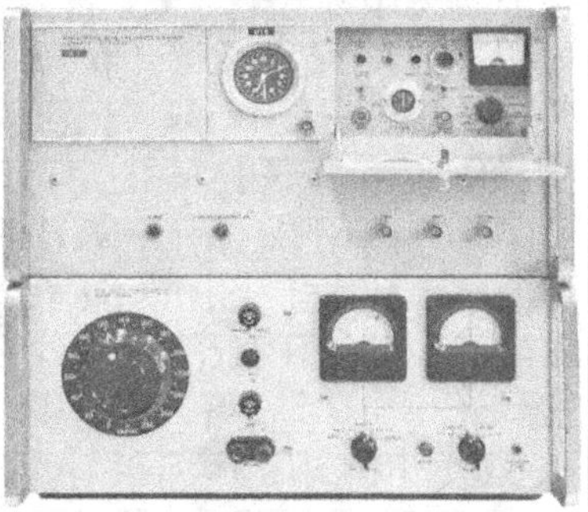

चित्र 28: परमाणु घड़ी, श्रेय Museumsfoto

हर परमाणु के केंद्र में एक नन्हा-सा नाभिक होता है, जिसके चारों ओर उससे भी छोटे कण घूमते हैं, जिन्हें इलेक्ट्रॉन कहा जाता है। ये इलेक्ट्रॉन ऊर्जा स्तरों के बीच छलांग लगा सकते हैं, और जब वे ऐसा करते हैं, तो वे माइक्रोवेव के रूप में ऊर्जा को अवशोषित या उत्सर्जित करते हैं। एक विशेष प्रकार के परमाणु, सीज़ियम 133, में ये छलांगें, या कंपन, आश्चर्यजनक रूप से स्थिर दर पर होती हैं: प्रति सेकंड 9,192,631,770 बार। यह संख्या इतनी सटीक है कि वैज्ञानिकों ने एक सेकंड को उसी समय के रूप में परिभाषित करने का निर्णय लिया, जितना समय सीज़ियम परमाणु के इतने कंपन होने में लगता है।

परमाणु घड़ी इन कंपनों को गिनकर काम करती है, जैसे कोई अदृश्य और पूर्ण ढोलक की थाप हो। घड़ी के बहुत अंदर, सीज़ियम परमाणुओं को एक कक्ष

में भेजा जाता है, जहाँ उन्हें माइक्रोवेव के संपर्क में लाया जाता है। यदि माइक्रोवेव की आवृत्ति परमाणुओं की प्राकृतिक लय से मेल खाती है, तो एक विशेष प्रतिक्रिया होती है, और घड़ी स्वयं को समायोजित करती है ताकि वह परमाणु के साथ बिल्कुल सही समय में बनी रहे।

ये घड़ियाँ इतनी सटीक होती हैं कि वे लगभग 100 मिलियन वर्षों में केवल लगभग एक सेकंड ही खोएँगी। इसी अद्भुत सटीकता के कारण परमाणु घड़ियों का उपयोग GPS उपग्रहों, गहरे अंतरिक्ष अभियानों, और अंतरराष्ट्रीय समय मानकों में किया जाता है। इनके बिना आधुनिक नेविगेशन, विज्ञान, और संचार तालमेल से बाहर भटकने लगेंगे।

परमाणु घड़ियाँ हमें याद दिलाती हैं कि समय परमाणुओं की भाषा में लिखा है, उन्हीं कणों की भाषा में जिनसे तारे, ग्रह, और हम स्वयं बने हैं। उनकी स्थिर धड़कनों में एक तरह की ब्रह्मांडीय धड़कन छिपी है, जो समय की सच्ची लय को फुसफुसाती है।

अध्याय 3 – समय और भी अजीब हो जाता है

समय सापेक्ष है

चित्र 29: समय की सापेक्षता

समय सरल लग सकता है, टिक-टॉक, सेकंड दर सेकंड, लेकिन वैज्ञानिकों ने खोजा है कि समय हर व्यक्ति के लिए या हर जगह के लिए हमेशा एक जैसा नहीं होता। इस विचित्र विचार को **समय की सापेक्षत** ा कहा जाता है। इसका अर्थ है कि समय तेज़ या धीमा चल सकता है, यह इस बात पर निर्भर करता है कि आप कितनी तेज़ी से चल रहे हैं या जहाँ आप हैं वहाँ गुरुत्वाकर्षण कितना शक्तिशाली है।

समय की सापेक्षता को सबसे पहले अल्बर्ट आइंस्टाइन ने अपने **विशेष सापेक्षत** ा और **सामान्य सापेक्षत** ा के सिद्धांतों में समझाया था। विशेष सापेक्षता कहती है कि जब आप बहुत तेज़ चलते हैं, प्रकाश की गति के करीब, तो आपके लिए समय किसी स्थिर खड़े व्यक्ति की तुलना में धीमा हो जाएगा। सामान्य सापेक्षता इसमें यह जोड़ती है कि गुरुत्वाकर्षण भी समय को प्रभावित कर सकता है: गुरुत्वाकर्षण जितना अधिक शक्तिशाली होगा, समय उतना ही धीमा चलेगा।

वैज्ञानिकों को जिज्ञासा हुई: क्या वे सचमुच इसे सिद्ध कर सकते थे? यह जानने के लिए उन्होंने ऐसे प्रयोग बनाए, जिनसे अलग-अलग स्थितियों में समय

के बीतने के बहुत छोटे बदलावों को मापा जा सके। यहाँ तीन महत्वपूर्ण प्रयोग दिए गए हैं:

हाफ़ेले–कीटिंग प्रयोग (1971)

इस प्रयोग में दो वैज्ञानिकों, जोसेफ हाफ़ेले और रिचर्ड कीटिंग, ने परमाणु घड़ियों का उपयोग किया। उन्होंने इन घड़ियों को व्यावसायिक हवाई जहाज़ों में दुनिया भर में उड़ाया, कुछ को पूर्व दिशा में और कुछ को पश्चिम दिशा में, जबकि दूसरी परमाणु घड़ियाँ ज़मीन पर रखी गईं।

चित्र 30: हाफ़ेले–कीटिंग प्रयोग

जब हवाई जहाज़ उतरे, तो जहाज़ों पर रखी घड़ियाँ ज़मीन पर रखी घड़ियों से मेल नहीं खा रही थीं। जो घड़ियाँ पूर्व दिशा में उड़ाई गई थीं, उन्होंने ज़मीन की घड़ियों की तुलना में समय खो दिया। जो घड़ी पश्चिम दिशा में उड़ाई गई थी, उसने ज़मीन की घड़ियों की तुलना में समय पा लिया। इससे सिद्ध हुआ कि तेज़ गति से चलना समय के प्रवाह को बदल देता है, ठीक जैसा आइंस्टाइन ने भविष्यवाणी की थी।

गुरुत्वाकर्षण और समय: पहाड़ों पर घड़ियाँ

वैज्ञानिकों ने यह भी जाँचा कि गुरुत्वाकर्षण समय को कैसे प्रभावित करता है। उन्होंने ऊँचे पहाड़ों की चोटी पर परमाणु घड़ियाँ रखीं और उनकी तुलना समुद्र तल पर रखी घड़ियों से की। क्योंकि ऊँचाई पर गुरुत्वाकर्षण कमजोर होता है, पहाड़ की घड़ियों पर समय ज़मीन की घड़ियों की तुलना में थोड़ा तेज़ चला।

चित्र 31: पहाड़ पर परमाणु घड़ी

भले ही यह अंतर बहुत छोटा था, फिर भी इसने दिखाया कि जब गुरुत्वाकर्षण अधिक शक्तिशाली होता है, तो वह सचमुच समय को धीमा कर देता है। यह अद्भुत खोज यह समझाने में मदद करती है कि पृथ्वी की परिक्रमा कर रहे उपग्रहों पर लगी घड़ियों को ज़मीन की घड़ियों के साथ तालमेल में रखने के लिए क्यों समायोजित करना पड़ता है।

म्यूऑनों को देखना

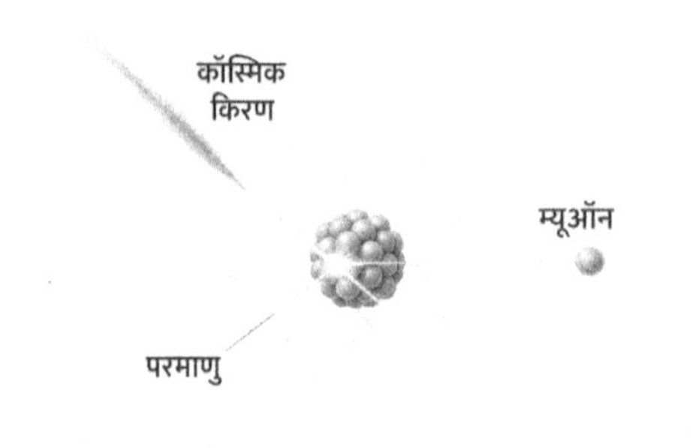

चित्र 32: म्यूऑन बनाती हुई ब्रह्मांडीय किरण

एक और प्रमाण म्यूऑन नामक कणों से मिलता है, जो तब बनते हैं जब अंतरिक्ष से आने वाली ब्रह्मांडीय किरणें पृथ्वी के वायुमंडल से टकराती हैं। **म्यूऑन** आमतौर पर बहुत जल्दी गायब हो जाते हैं, या क्षय हो जाते हैं। यदि उनके लिए समय सामान्य रूप से चलता, तो वे ज़मीन तक पहुँचने से पहले ही गायब हो जाते।

लेकिन म्यूऑन लगभग प्रकाश की गति से चलते हैं। अपनी बहुत अधिक गति के कारण, पृथ्वी पर समय की तुलना में उनके लिए समय धीमा हो जाता है। इससे कई म्यूऑन इतने लंबे समय तक बचे रहते हैं कि ज़मीन पर वैज्ञानिक उन्हें पहचान सकें। यह एक और प्रदर्शन है कि तेज़ गति समय को बदल देती है।

इन प्रयोगों के कारण, अब हम जानते हैं कि समय कोई कठोर, टिक-टिक करती घड़ी नहीं है, जो सबके लिए एक जैसी हो। यह लचीला है और गति तथा गुरुत्वाकर्षण के आधार पर फैल या सिकुड़ सकता है। समय की सापेक्षता पूरे विज्ञान की सबसे अद्भुत खोजों में से एक है, और यह हमें दिखाती है कि ब्रह्मांड पहली नज़र में जितना लगता है, उससे कहीं अधिक अजीब और सुंदर है।

यह विचार कि समय सापेक्ष है, यानी वह गति और गुरुत्वाकर्षण के आधार पर तेज़ या धीमा चल सकता है, विज्ञान और रोज़मर्रा के जीवन दोनों के लिए अद्भुत परिणाम रखता है। भले ही हमें चलते-फिरते समय में बदलाव महसूस नहीं होता, लेकिन जब चीज़ें बहुत तेज़ चलती हैं या गुरुत्वाकर्षण बल बहुत शक्तिशाली होता है, तब सापेक्षता के प्रभाव बहुत महत्वपूर्ण हो जाते हैं।

क्योंकि समय सापेक्ष है

यहाँ कुछ महत्वपूर्ण स्थान और स्थितियाँ दी गई हैं, जहाँ समय की सापेक्षता फर्क पैदा करती है:

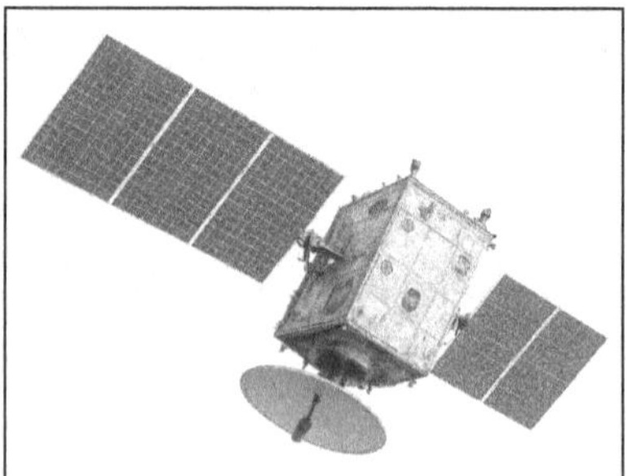
चित्र 33: GPS उपग्रह

GPS उपग्रह: Global Positioning System, या GPS, उपग्रह पृथ्वी की परिक्रमा तेज़ गति और अधिक ऊँचाई पर करते हैं। क्योंकि वे तेज़ी से चल रहे होते हैं और पृथ्वी के शक्तिशाली गुरुत्वाकर्षण से अधिक दूर होते हैं, उनकी घड़ियाँ ज़मीन की घड़ियों से थोड़ा अलग चलती हैं।

यदि वैज्ञानिक समय की सापेक्षता के लिए सुधार न करें, तो GPS संकेत हर दिन कई

मील तक गलत हो जाएँगे! आइंस्टाइन के सिद्धांतों और सावधानी से किए गए समायोजनों के कारण GPS प्रणालियाँ आपको अद्‌भुत सटीकता से बता सकती हैं कि आप कहाँ हैं, चाहे आप जंगल में पैदल घूम रहे हों या कार से यात्रा कर रहे हों। GPS के बारे में और पढ़ें पृष्ठ 26 पर।

ब्लैक होल के पास: ब्लैक होल अंतरिक्ष में ऐसे स्थान होते हैं जहाँ गुरुत्वाकर्षण अविश्वसनीय रूप से शक्तिशाली होता है, इतना शक्तिशाली कि प्रकाश भी बाहर नहीं निकल सकता। ब्लैक होल के पास समय किसी दूर स्थित स्थान की तुलना में बहुत धीमा हो जाएगा।

चित्र 34: कृष्ण विवर

यदि आप किसी ब्लैक होल के पास सुरक्षित रूप से मंडरा सकते, जो आज की तकनीक से संभव नहीं है, तो आपको शायद केवल कुछ मिनट बीतते महसूस हों, जबकि दूर मौजूद किसी व्यक्ति के लिए कई वर्ष बीत जाएँ। समय का यह अत्यधिक धीमा होना विज्ञान-कथा फिल्मों में दिखाया गया है, लेकिन यह आइंस्टाइन के सापेक्षता सिद्धांत की एक वास्तविक भविष्यवाणी भी है।

तेज़ गति से अंतरिक्ष यात्रा: यदि अंतरिक्ष यात्री प्रकाश की गति के करीब यात्रा कर सकें, तो वे समय को पृथ्वी पर रहने वाले लोगों से अलग अनुभव करेंगे।

उदाहरण के लिए, कोई अंतरिक्ष यात्री ऐसी यात्रा पर जा सकता है जो उसे केवल कुछ वर्षों की लगे, लेकिन जब वह पृथ्वी पर लौटे, तो कई दशक बीत चुके हों। इस विचित्र प्रभाव को समय प्रसार कहा जाता है। हालाँकि हमारे पास अभी ऐसे अंतरिक्षयान नहीं हैं जो प्रकाश की गति के पास यात्रा कर सकें, वैज्ञानिक मानते हैं कि यदि एक दिन ऐसी यात्रा संभव हुई, तो अन्य तारों तक लंबी यात्राओं की योजना बनाने में समय की सापेक्षता बहुत महत्वपूर्ण हो जाएगी।

आरंभिक ब्रह्मांड: बिग बैंग के ठीक बाद, वह घटना जिसने ब्रह्मांड को जन्म दिया, सब कुछ अत्यंत गर्म, घना, और तेज़ी से गतिमान था। इन चरम स्थितियों में समय की सापेक्षता ने इस बात में बड़ी भूमिका निभाई कि आरंभिक ब्रह्मांड कैसे बढ़ा और बदला।

वैज्ञानिक सापेक्षता के बारे में अपने ज्ञान का उपयोग यह समझने के लिए करते हैं कि आकाशगंगाएँ कैसे बनीं और ब्रह्मांड आज जैसा है वैसा कैसे बना।

रोज़मर्रा के जीवन में हमें समय के अलग-अलग ढंग से चलने के प्रभाव महसूस नहीं होते। लेकिन अंतरिक्ष में, ब्लैक होल के पास, तेज़ गति वाली यात्रा में, और यहाँ तक कि उस तकनीक में भी जिसे हम हर दिन उपयोग करते हैं, समय की सापेक्षता बहुत वास्तविक और बहुत महत्वपूर्ण है।

आइंस्टाइन की खोज हमें याद दिलाती है कि ब्रह्मांड आश्चर्यों से भरा है, और समय स्वयं हमारी कल्पना से कहीं अधिक रहस्यमय और लचीला है।

GPS कैसे काम करता है

कल्पना कीजिए कि आप एक विशाल जंगल में खो गए हैं, और आपके पास एक जादुई नक्शा है जो हमेशा ठीक-ठीक जानता है कि आप कहाँ हैं। GPS कुछ-कुछ ऐसा ही करता है, बस यह सचमुच का है, जादू नहीं!

GPS का अर्थ है Global Positioning System, यानी वैश्विक स्थान निर्धारण प्रणाली। यह उपग्रहों का उपयोग करके काम करता है, जो पृथ्वी के बहुत ऊपर अंतरिक्ष में तैरती बड़ी घड़ियों जैसे होते हैं। लगभग 30 GPS उपग्रह हर समय पृथ्वी की परिक्रमा करते रहते हैं। उन्हें ऐसे चमकीले घड़ी जैसे यंत्र समझिए, जो आकाश में चलते हुए रेडियो संकेत भेजते रहते हैं।

हर उपग्रह एक विशाल रेडियो की तरह होता है, जो लगातार अदृश्य संकेत भेजता है। वे जैसे कह रहे हों, "मैं यहाँ हूँ! अभी समय यह है!" इसी समय का उपयोग करके आपका उपकरण यह गणना करता है कि संकेत को आपके फ़ोन तक पहुँचने में कितना समय लगा। इससे आपका GPS उपकरण जान लेता है कि वह उपग्रह कितनी दूर है।

लेकिन इसमें एक तरकीब है: यह केवल एक उपग्रह को नहीं सुनता। यह एक ही समय में कम से कम चार उपग्रहों को सुनता है।

हर संकेत आपके उपकरण को बताता है कि वह उपग्रह कितनी दूर है, कुछ-कुछ ऐसा जैसे अँधेरे कमरे में किसी की आवाज़ सुनकर अनुमान लगाना कि वह कितनी दूर है। त्रिभुजीकरण नामक गणित का उपयोग करके आपका उपकरण यह पता लगाता है कि संकेतों को आने में लगे समय के आधार पर आपको कहाँ होना चाहिए।

यहाँ GPS कैसे काम करता है, इसकी एक चित्रात्मक व्याख्या दी गई है:

पृथ्वी के बहुत ऊपर, लगभग 30 GPS उपग्रह अंतरिक्ष में तेज़ी से घूमते रहते हैं। ठीक-ठीक यह जानने के लिए कि आप कहाँ हैं, और यहाँ तक कि आप कितनी ऊँचाई पर हैं, आपके GPS उपकरण को उनमें से केवल चार उपग्रहों की आवाज़ सुननी होती है। यह इस तरह काम करता है:

पहला उपग्रह

एक उपग्रह संकेत भेजता है, जो बताता है कि समय क्या है। आपका GPS उपकरण उसे पकड़ता है और समय का उपयोग करके यह पता लगाता है कि उपग्रह कितनी दूर है। इसका मतलब है कि आप उस उपग्रह के चारों ओर बने एक अदृश्य गोले, यानी एक विशाल गेंद, पर कहीं हैं।

दूसरा उपग्रह
दूसरा उपग्रह अपना संकेत भेजता है। आपका GPS यह भी पता लगाता है कि वह उपग्रह कितनी दूर है। अब आप दूसरे अदृश्य गोले पर भी हैं। जहाँ ये दो गोले एक-दूसरे को काटते हैं, वे एक वृत्त बनाते हैं। अब आपका GPS जानता है कि आप उस वृत्त पर कहीं हैं।

तीसरा उपग्रह
तीसरा उपग्रह भी बोल उठता है। अब आपका GPS इस उपग्रह तक की दूरी भी पता लगाता है, जिससे तीसरा गोला बनता है। जब तीनों गोले एक-दूसरे को काटते हैं, तो वे दो बिंदुओं पर मिलते हैं। इसका मतलब है कि अब आपका GPS जानता है कि आप उन दो बिंदुओं में से किसी एक पर हैं।

चौथा उपग्रह
अंत में एक और उपग्रह शामिल होता है। यह आपके GPS को यह पता लगाने में मदद करता है कि उन दो बिंदुओं में से असली आप कौन-सा बिंदु हैं। अब यह ठीक-ठीक जानता है कि आप कहाँ हैं, आमतौर पर 1 से 10 मीटर, यानी लगभग 3 से 33 फ़ीट, के भीतर। यह यह भी जानता है कि आप ज़मीन से कितनी ऊँचाई पर हैं!

GPS प्रणाली इसलिए काम करती है क्योंकि उपग्रहों के भीतर बहुत सटीक घड़ियाँ होती हैं, जिन्हें परमाणु घड़ियाँ कहा जाता है। ये समय को इतनी सटीकता से रखती हैं कि लाखों वर्षों में वे केवल लगभग एक सेकंड ही गलत होंगी! यदि समय मापने में बहुत ही छोटी-सी गलती भी हो जाए, तो आपका स्थान कई मील तक गलत हो सकता है।

तो, टिक-टिक करती अंतरिक्ष रेडियो घड़ियों से भरे आकाश, शक्तिशाली गणित, और आपके चतुर छोटे उपकरण की मदद से, आप पृथ्वी पर लगभग कहीं भी यह ठीक-ठीक जान सकते हैं कि आप कहाँ हैं।

समय मुड़ और फैल सकता है

जब आप 'मुड़ना' शब्द सुनते हैं, तो शायद आपको पेड़ की टहनी या लचीली स्ट्रॉ जैसी कोई चीज़ याद आती हो। हैरानी की बात है कि समय भी, जिसे हम आमतौर पर स्थिर और सीधा मानते हैं, मुड़ सकता है। वैज्ञानिक इस अजीब व्यवहार को समय का मुड़ना कहते हैं, और यह अल्बर्ट आइंस्टाइन के सापेक्षता सिद्धांतों के सबसे महत्वपूर्ण विचारों में से एक है।

लेकिन समय, जो दिखाई नहीं देता, कैसे मुड़ सकता है? इसे समझने के लिए हमें पहले दो चीज़ों के बारे में सोचना होगा: गति और गुरुत्वाकर्षण।

समय तब मुड़ता है जब आप बहुत तेज़ चलते हैं

जब आप साइकिल चलाते हैं या कार चलाते हैं, तो आप जानते हैं कि आप अंतरिक्ष में चल रहे हैं, यानी आप एक जगह से दूसरी जगह जा रहे हैं। लेकिन शायद आपको यह एहसास न हो कि आप किसी और चीज़ में भी चल रहे हैं: समय में।

चित्र 35: तेज़ गति पर समय फैलना

और जब आप बहुत तेज़ चलते हैं, प्रकाश की गति के करीब, तो कुछ अजीब होता है: समय मुड़ता और फैलता है।

यह चौंकाने वाला विचार अल्बर्ट आइंस्टाइन के विशेष सापेक्षता सिद्धांत से आता है, जिसे उन्होंने 1905 में प्रकाशित किया था। यह हमें बताता है कि समय सबके लिए एक जैसा व्यवहार नहीं करता, खासकर जब लोग या वस्तुएँ बहुत तेज़ गति से चल रही हों।

समय के फैलने का क्या अर्थ है?

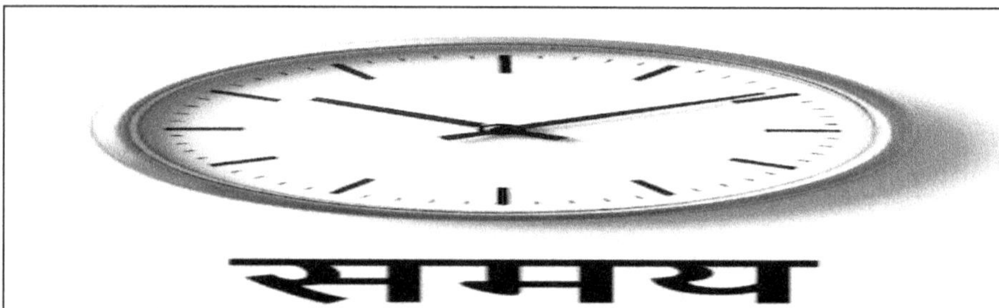

चित्र 36: खींचा हुआ समय

दो जुड़वाँ बच्चों की कल्पना कीजिए। एक पृथ्वी पर रहता है, और दूसरा एक अंतरिक्षयान में बैठता है जो प्रकाश की गति के पास उड़ता है।

> पृथ्वी पर रहने वाले जुड़वाँ के लिए समय सामान्य रूप से चलता है, दिन पर दिन बीतते जाते हैं।
>
> अंतरिक्षयान में यात्रा कर रहे जुड़वाँ के लिए समय अधिक धीरे चलता है।

जब यात्रा करने वाला जुड़वाँ पृथ्वी पर लौटता है, तो शायद उसकी उम्र केवल कुछ वर्ष बढ़ी हो, जबकि पृथ्वी पर रहने वाले जुड़वाँ की उम्र कई दशक बढ़ चुकी हो!

यात्रा करने वाले जुड़वाँ को अंतरिक्षयान के अंदर समय सामान्य महसूस हुआ। लेकिन पृथ्वी की तुलना में, उसकी घड़ी फैल गई थी, यानी वह धीमी चल रही थी। इस अजीब प्रभाव को समय प्रसार कहा जाता है।

रोज़मर्रा की गतियों पर, जैसे दौड़ना, गाड़ी चलाना, या हवाई जहाज़ में उड़ना, यह फैलाव इतना छोटा होता है कि हम उसे महसूस नहीं कर सकते। लेकिन प्रकाश की गति के पास की गतियों पर यह फैलाव बहुत बड़ा हो जाता है। *पृष्ठ 58 पर दी गई जुड़वाँ विरोधाभास गतिविधि आज़माएँ।*

ऊँची गतियों पर समय क्यों फैलता है?

आइंस्टाइन के अनुसार, प्रकाश की गति वह सबसे तेज़ गति है जिससे कोई भी चीज़ यात्रा कर सकती है।

प्रकृति के नियम यह सुनिश्चित करते हैं कि आप कितनी भी तेज़ गति से चलें, प्रकाश की गति सबके लिए स्थिर बनी रहे।

ऐसा करने के लिए, जब आप तेज़ चलते हैं:

> दूरियाँ सिकुड़ सकती हैं।
>
> द्रव्यमान बढ़ सकता है।
>
> समय फैल सकता है।

समय का यह फैलना प्रकृति का सब कुछ संतुलित रखने का तरीका है।

समय के फैलने के परिणाम

यह तथ्य कि ऊँची गतियों पर समय फैलता है, कई महत्वपूर्ण परिणामों तक ले जाता है:

दूरस्थ तारों की यात्रा: यदि मनुष्य किसी दिन ऐसे अंतरिक्षयान बना सकें जो प्रकाश की गति के पास यात्रा करें, तो अंतरिक्ष यात्री अन्य तारों तक लंबी यात्राएँ कर सकते हैं।

> उनके लिए यात्रा में केवल कुछ वर्ष लग सकते हैं।
>
> लेकिन जब वे पृथ्वी पर लौटेंगे, तो हज़ारों वर्ष बीत चुके हो सकते हैं!

इसका मतलब है कि तेज़ गति वाली अंतरिक्ष यात्रा एक दिन मनुष्यों को आकाशगंगा के दूरस्थ हिस्सों तक जाने दे सकती है, लेकिन इसकी अजीब कीमत होगी: वे उस दुनिया को पीछे छोड़ देंगे जिसे वे जानते थे। पृष्ठ *58* पर दी गई जुड़वाँ विरोधाभास गतिविधि आज़माएँ।

अंतरिक्षयानों और उपकरणों की रक्षा: जब अंतरिक्ष से आने वाले कण, जिन्हें ब्रह्मांडीय किरणें कहा जाता है, प्रकाश की गति के पास यात्रा करते हैं, तो उनके लिए समय फैलता है। इसी कारण हम कुछ तेज़ गति से चलने वाले कणों का पता लगा सकते हैं, जिन्हें सामान्य रूप से जल्दी क्षय हो जाना चाहिए था।

अंतरिक्षयान और उपग्रह बनाते समय वैज्ञानिकों को समय प्रसार के बारे में सोचना पड़ता है, खासकर यदि वे अंतरिक्ष में तेज़ गति वाले कणों के संपर्क में आते हैं।

ब्रह्मांड को समझना: समय का फैलना वैज्ञानिकों को यह समझने में मदद करता है कि ब्रह्मांड कैसे व्यवहार करता है। यह समझाता है कि कुछ कण अपेक्षा से अधिक समय तक क्यों बचे रहते हैं, GPS उपग्रहों की घड़ियों में विशेष समायोजन क्यों करने पड़ते हैं, और यहाँ तक कि ब्लैक होल तथा अन्य ब्रह्मांडीय वस्तुएँ चरम स्थितियों में कैसे व्यवहार करती हैं।

निष्कर्ष: जब वस्तुएँ बहुत तेज़ चलती हैं, प्रकाश की गति के करीब, तो उनके लिए समय फैलता है। किसी स्थिर खड़े व्यक्ति को चलती हुई घड़ी अधिक धीरे टिकती हुई दिखती है।

यह अद्‌भुत खोज दिखाती है कि समय कोई कठोर, अपरिवर्तनीय चीज़ नहीं है। इसके बजाय, यह आपकी गति के आधार पर फैल और मुड़ सकता है।

समय का फैलना अंतरिक्ष यात्रा, ब्रह्मांडीय घटनाओं, और यहाँ तक कि ब्रह्मांड में मानव खोज के भविष्य को समझने का हमारा तरीका बदल देता है।

समय तब मुड़ता है जब गुरुत्वाकर्षण शक्तिशाली होता है

आइंस्टाइन के सामान्य सापेक्षता सिद्धांत ने दिखाया कि गुरुत्वाकर्षण भी समय को मोड़ सकता है।

गुरुत्वाकर्षण वह बल है जो वस्तुओं को एक-दूसरे की ओर खींचता है। कोई वस्तु जितनी अधिक विशाल होती है, जैसे कोई ग्रह, तारा, या ब्लैक होल, उसका गुरुत्वाकर्षण उतना ही अधिक शक्तिशाली होता है।

जब आप किसी बहुत विशाल वस्तु के पास होते हैं, तो शक्तिशाली गुरुत्वाकर्षण आपके आसपास समय को धीमा कर देता है।

उदाहरण के लिए:

> यदि आप किसी ऊँचे पहाड़ पर खड़े हों, तो आपके लिए समय समुद्र तल पर खड़े किसी व्यक्ति की तुलना में

चित्र 37: गुरुत्वाकर्षण के कारण समय धीमा होना

थोड़ा-सा तेज़ बीतेगा, क्योंकि ऊँचाई पर गुरुत्वाकर्षण थोड़ा कमजोर होता है।

किसी ब्लैक होल के पास, जहाँ गुरुत्वाकर्षण अविश्वसनीय रूप से शक्तिशाली होता है, समय इतना धीमा हो जाएगा कि दूर से देख रहे किसी व्यक्ति को वह लगभग रुका हुआ लग सकता है।

वैज्ञानिक अक्सर कहते हैं कि गुरुत्वाकर्षण अंतरिक्ष और समय दोनों को एक साथ मोड़ता है। वे इस संयोजन को 'स्पेसटाइम' कहते हैं। स्पेसटाइम की कल्पना एक नरम रबर की चादर की तरह कीजिए। यदि आप उस पर एक भारी गेंद रखें, तो चादर नीचे की ओर मुड़ जाती है। उसी तरह, विशाल वस्तुएँ स्पेसटाइम को मोड़ती हैं, और स्पेसटाइम का मुड़ना समय को भी मोड़ देता है।

निष्कर्ष

समय का मुड़ना केवल विज्ञान-कथा नहीं है, यह ब्रह्मांड के काम करने का एक वास्तविक हिस्सा है।

जब आप बहुत तेज़ चलते हैं, तो आपके लिए समय धीमा हो जाता है। जब आप किसी बहुत भारी वस्तु के पास होते हैं, तब भी समय धीमा हो जाता है।

आइंस्टाइन की खोजों के कारण, अब हम जानते हैं कि समय कोई सीधी, सरल नदी नहीं है जो सबके लिए समान गति से बहती हो। यह एक रहस्यमय और लचीला ताना-बाना है, जो पूरे ब्रह्मांड में मुड़ता, फैलता, और नृत्य करता है।

क्या समय सिर्फ़ किसी सिमुलेशन का हिस्सा है?

फ़िल्म *The Matrix* में, कीनू रीव्स द्वारा निभाया गया किरदार नियो एक चौंकाने वाली बात पता लगाता है: जिस दुनिया को वह जानता है, उसका घर, उसकी नौकरी, यहाँ तक कि अनाज वाले नाश्ते का स्वाद भी, असल में वास्तविक नहीं है। वह एक कंप्यूटर प्रोग्राम है। उसका मन एक डिजिटल सपने से जुड़ा हुआ है, जबकि उसका असली शरीर कहीं और पड़ा है और कृत्रिम बुद्धिमत्ता द्वारा बैटरी की तरह इस्तेमाल किया जा रहा है। यह कुंग फू, धीमी गति वाली छलाँगों और "वास्तविक क्या है?" जैसे गहरे सवालों से भरी एक रोमांचक यात्रा है।

चित्र 38: क्या समय एक सिमुलेशन है?

लेकिन अब बात और भी अजीब हो जाती है: कुछ वास्तविक जीवन के वैज्ञानिक सोचते हैं कि कुछ ऐसा सच भी हो सकता है। इस विचार को सिमुलेशन परिकल्पना कहा जाता है, और भले ही यह विज्ञान-कथा जैसा लगे, फिर भी दुनिया के कुछ सबसे बुद्धिमान विचारक इसे गंभीरता से लेते हैं।

सिमुलेशन परिकल्पना यह नहीं कहती कि दुष्ट रोबोट हमें बैटरी बना रहे हैं, उफ़, राहत की बात है। यह तो यह भी नहीं कहती कि हमारे पास शरीर होना ज़रूरी है। इसके बजाय, यह एक बड़ा सवाल पूछती है: अगर हम जो कुछ देखते, महसूस करते और मानते हैं, वह सब किसी उच्च बुद्धि द्वारा बनाए गए अत्यंत उन्नत सिमुलेशन का हिस्सा हो तो?

कल्पना कीजिए एक ऐसे सुपरकंप्यूटर की, जो इतना शक्तिशाली हो कि वह लोग, ग्रह और पिज़्ज़ा बना सके, और उन्हें वास्तविक जैसा महसूस करा सके। हमें अंतर पता नहीं चलेगा, क्योंकि हमने तुलना करने के लिए सिमुलेशन के बाहर कभी कदम ही नहीं रखा। सब कुछ हमें वास्तविक लगेगा, लेकिन यह सब डेटा भी हो सकता है।

और यहाँ वह हिस्सा आता है जो इसे समय से जोड़ता है: यदि हम किसी सिमुलेशन में हैं, तो समय स्वयं भी प्रोग्राम किया हुआ हो सकता है। घड़ियों की टिक-टिक, ऋतुओं का बदलना, हमारा बूढ़ा होना और सपने देखना, यह सब एक कंप्यूटर प्रोग्राम हो सकता है, ऐसा चतुर कोड जो सिमुलेशन को सुचारु रूप से चलाए रखता है। शायद समय तभी चलता हो जब कोई देख रहा हो। शायद यह सिमुलेशन के अलग-अलग हिस्सों में अलग तरह से चलता हो। या शायद यह किसी ब्रह्मांडीय सेटिंग्स मेनू में बस एक स्लाइडर हो।

हमें नहीं पता कि हम किसी सिमुलेशन में हैं या नहीं, और शायद हम कभी पता भी न लगा पाएँ। लेकिन यह विचार हमें बड़े और महत्वपूर्ण सवाल पूछने पर मजबूर करता है:

"वास्तविक क्या है?"

"ब्रह्मांड इस तरह काम क्यों करता है?"

और, "क्या वह सब कुछ जो हम जानते हैं, यहाँ तक कि स्वयं समय भी, किसी बहुत बड़े प्रोग्राम का हिस्सा हो सकता है?"

रहस्य? बिल्कुल। असंभव? शायद नहीं।

समय को बदला नहीं जा सकता

अधिकांश वैज्ञानिक सहमत हैं कि समय आगे बढ़ता है और उसे पलटा नहीं जा सकता। जब आप दूध का गिलास गिरा देते हैं, तो दूध जादू से वापस कप में नहीं कूद जाता। जब मोमबत्ती जलती है, तो पिघला हुआ मोम अपने आप इकट्ठा होकर ऊपर चढ़कर नई मोमबत्ती नहीं बन जाता। रोज़मर्रा के जीवन में यह साफ़ है: समय एक ही दिशा में चलता है, अतीत से वर्तमान की ओर और फिर भविष्य में।

समय की इस 'एकतरफ़ा सड़क' को **समय का तीर** कहा जाता है। यह विज्ञान के एक विचार से जुड़ा है, जिसे एंट्रॉपी कहा जाता है।

चित्र 39: आप इसे साफ़ कर सकते हैं, लेकिन इसे अनगिरा नहीं कर सकते।

एंट्रॉपी और समय का तीर

एंट्रॉपी एक वैज्ञानिक शब्द है, जो बताता है कि समय के साथ चीज़ें कितनी अस्त-व्यस्त या अव्यवस्थित होती जाती हैं। ऊष्मागतिकी के दूसरे नियम के अनुसार, किसी भी प्राकृतिक प्रक्रिया में अव्यवस्था, यानी एंट्रॉपी, हमेशा बढ़ती है। उदाहरण के लिए:

जब आप अंडा तोड़ते हैं, तो वह एक गड़बड़ मिश्रण बन जाता है। अंडे को फेंटना आसान है, लेकिन फेंटे हुए अंडे को फिर से पहले जैसा बनाना कठिन है।

यदि आप लाल और नीले रंग को मिलाते हैं, तो आपको बैंगनी रंग मिलता है। रंग अपने आप फिर से अलग नहीं होते।

क्योंकि एंट्रॉपी हमेशा बढ़ती है, यह समय को एक दिशा देती है। चीज़ें व्यवस्था से अव्यवस्था की ओर बढ़ती हैं, और यही हमें अतीत और भविष्य के बीच अंतर बताने में मदद करता है। वैज्ञानिक मानते हैं कि बढ़ती हुई एंट्रॉपी उन मुख्य कारणों में से एक है, जिनकी वजह से समय पीछे नहीं जा सकता।

एंट्रॉपी और समय का तीर

एंट्रॉपी एक वैज्ञानिक शब्द है, जो बताता है कि समय के साथ चीज़ें कितनी बिखरी हुई, अस्त-व्यस्त या अव्यवस्थित होती जाती हैं। ऊष्मागतिकी के दूसरे नियम के अनुसार, किसी भी प्राकृतिक प्रक्रिया में अव्यवस्था की मात्रा, यानी एंट्रॉपी, हमेशा बढ़ती है। उदाहरण के लिए:

> जब आप अंडा तोड़ते हैं, तो वह एक गड़बड़ मिश्रण बन जाता है। अंडे को फेंटना आसान है, लेकिन फेंटे हुए अंडे को फिर से पहले जैसा अलग करना कठिन है।
>
> यदि आप लाल और नीले रंग को मिलाते हैं, तो आपको बैंगनी रंग मिलता है। रंग अपने आप फिर से अलग नहीं होते।

क्योंकि एंट्रॉपी हमेशा बढ़ती है, यह समय को एक दिशा देती है। चीज़ें व्यवस्था से अव्यवस्था की ओर बढ़ती हैं, और यही हमें अतीत और भविष्य के बीच अंतर बताने में मदद करता है। वैज्ञानिक मानते हैं कि बढ़ती हुई एंट्रॉपी उन मुख्य कारणों में से एक है जिनकी वजह से समय पीछे नहीं जा सकता।

समय को उलटने के बारे में नए वैज्ञानिक सिद्धांत

भले ही समय को पलटना असंभव लगता है, कुछ नए वैज्ञानिक सिद्धांत यह खोजते हैं कि क्या बहुत विशेष परिस्थितियों में ऐसा हो सकता है या नहीं।

क्वांटम यांत्रिकी और उलट सकने वाली घटनाएँ: क्वांटम यांत्रिकी की अजीब दुनिया में, यानी बहुत ही नन्हे कणों के विज्ञान में, कुछ प्रक्रियाएँ उलट सकने योग्य होती हैं। इसका मतलब है कि परमाणुओं और कणों के स्तर पर भौतिकी के नियम समय को पीछे चलने से सख्ती से नहीं रोकते।

लेकिन जब आपके पास लाखों-करोड़ों कण होते हैं, जैसे वास्तविक जीवन में, तो सब कुछ बहुत जटिल हो जाता है, और एंट्रॉपी बढ़ने के कारण समय का सामान्य आगे की ओर बहना वापस आ जाता है।

कुछ वैज्ञानिकों ने तो क्वांटम कंप्यूटरों के साथ छोटे प्रयोग भी किए हैं, जहाँ नन्हे तंत्र अपनी अवस्था को 'उलटते' हुए प्रतीत होते हैं। लेकिन यह केवल कुछ कणों के लिए और बहुत थोड़े समय के लिए काम करता है। यह टूटे हुए गिलास को अपने आप फिर से जुड़वा देने या आपका दोपहर का भोजन 'अन-ईट' करवा देने जैसा नहीं है!

आरंभिक ब्रह्मांड के बारे में सिद्धांत: कुछ वैज्ञानिक मानते हैं कि बिग बैंग के ठीक बाद समय के नियम अलग रहे होंगे।

ब्रह्मांड के पहले नन्हे क्षणों में समय 'सममित' रहा होगा, यानी आगे या पीछे चलने में सक्षम।

लेकिन जैसे-जैसे ब्रह्मांड फैला और ठंडा हुआ, एंट्रॉपी बढ़ने लगी, और उसने समय को केवल आगे बढ़ने में बाँध दिया।

कुछ सिद्धांत तो यह भी कहते हैं कि बहुत अजीब स्थानों में, जैसे ब्लैक होल के भीतर या मल्टीवर्स में, यानी इस विचार में कि अनेक ब्रह्मांड हो सकते हैं, समय का तीर अलग तरह से व्यवहार कर सकता है। लेकिन ये विचार अभी अधिकतर अनुमान ही हैं। हमारे पास अभी कोई प्रमाण नहीं है।

निष्कर्ष: रोज़मर्रा के जीवन में समय को उलटा नहीं किया जा सकता। ब्रह्मांड की बढ़ती हुई अव्यवस्था सुनिश्चित करती है कि समय आगे ही बढ़ता रहे।

क्वांटम प्रयोगों में नन्हे तंत्रों का समय कुछ क्षणों के लिए अजीब व्यवहार कर सकता है। कुछ रोमांचक सिद्धांत ऐसे स्थानों की कल्पना करते हैं जहाँ समय अलग ढंग से बह सकता है। लेकिन अभी के लिए, अतीत अतीत ही रहता है, और हम स्थिर रूप से भविष्य की ओर बढ़ते रहते हैं।

विज्ञान अभी भी समय की प्रकृति के बारे में सवाल पूछ रहा है, और भविष्य की खोजें हमारी जानकारी बदल सकती हैं। लेकिन आज के लिए, समय का तीर आगे की ओर इशारा करता है, और गिरा हुआ दूध यहीं रहने वाला है।

कारण और प्रभाव समय से जुड़े हैं

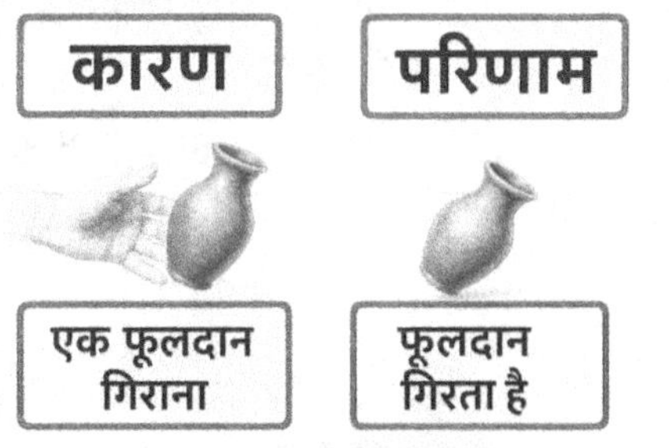

चित्र 40: कारण और प्रभाव

हमारे रोज़मर्रा के जीवन में चीज़ें एक निश्चित क्रम में होती हैं। आप गेंद फेंकते हैं, फिर गेंद हवा में उड़ती है। आप बत्ती का स्विच दबाते हैं, फिर बत्ती जलती है। यह पैटर्न, जिसमें एक घटना दूसरी घटना को होने का कारण बनती है, कारण और प्रभाव कहलाता है।

कारण और प्रभाव समय से गहराई से जुड़े हैं। सच तो यह है कि समय घटनाओं को उनका सही क्रम देता है: पहले कारण होता है, और फिर प्रभाव उसके बाद आता है। यदि समय आगे न बढ़े, तो कारण और प्रभाव का कोई अर्थ नहीं रहेगा।

कारण और प्रभाव क्या हैं?

कारण वह होता है जो किसी और चीज़ को होने पर मजबूर करता है। प्रभाव वह होता है जो कारण की वजह से होता है। यहाँ कुछ उदाहरण दिए गए हैं:

> आप एक गिलास को मेज़ से धक्का देते हैं, कारण, और वह गिरकर टूट जाता है, प्रभाव।
>
> आप परीक्षा के लिए मेहनत से पढ़ते हैं, कारण, और आपको अच्छा अंक मिलता है, प्रभाव।
>
> एक ज्वालामुखी फटता है, कारण, और राख आकाश में भर जाती है, प्रभाव।

हर मामले में, कारण पहले होता है, और प्रभाव बाद में आता है। समय एक स्पष्ट दिशा बनाता है: पहले, फिर बाद में।

कारण और प्रभाव के लिए समय क्यों महत्वपूर्ण है

यदि समय एक ही दिशा में न चलता, तो कारण और प्रभाव गड़बड़ा सकते थे। कल्पना कीजिए कि कोई गिलास किसी के छूने से पहले ही टूट जाए, या बत्तियाँ आपके स्विच दबाने से पहले ही जल उठें!

यह बहुत उलझन भरा होगा, और यह ब्रह्मांड के सामान्य नियमों को तोड़ देगा।

वैज्ञानिक मानते हैं कि समय का तीर, यानी यह विचार कि समय अतीत से भविष्य की ओर चलता है, कारण और प्रभाव को संभव बनाता है। क्योंकि समय आगे बहता है, कारण प्रभावों से पहले आते हैं, और दुनिया समझ में आती है।

क्वांटम भौतिकी की अजीब दुनिया में क्या होता है?

क्वांटम भौतिकी की बहुत नन्ही दुनिया में चीज़ें कभी-कभी अजीब हो सकती हैं। कुछ प्रयोग संकेत देते हैं कि बहुत छोटे कणों के लिए कारण और प्रभाव हमेशा सरल नहीं होते।

कुछ स्थितियों में ऐसा लग सकता है कि प्रभाव कारण के साथ ही हो रहा है, या जैसे कारण और प्रभाव आपस में मिले हुए हैं!

हालाँकि, जब हम लोगों, पेड़ों, महासागरों और ग्रहों की दुनिया तक ज़ूम आउट करते हैं, तो कारण और प्रभाव के नियम फिर सामान्य हो जाते हैं। कारण यह है कि बड़े तंत्रों में समय अपनी आगे की दिशा बनाए रखता है, और सब कुछ सामान्य कारण फिर प्रभाव वाले पैटर्न का पालन करता है।

निष्कर्ष

कारण और प्रभाव समय के आगे बढ़ने पर निर्भर करते हैं।

> कारण पहले होता है।
> समय आगे बढ़ता है।
> फिर प्रभाव होता है।

समय के प्रवाह के बिना कारण और प्रभाव अपना अर्थ खो देंगे। समय की स्थिर गति के कारण दुनिया व्यवस्थित और समझने योग्य बनी रहती है।

भले ही नन्हे कण अजीब व्यवहार कर सकते हों, हमारे रोज़मर्रा के जीवन में समय एक महत्वपूर्ण नियम की रक्षा करता है: पहले कारण, फिर प्रभाव।

चक्रीय समय

जब हम समय के बारे में सोचते हैं, तो आमतौर पर हम कल्पना करते हैं कि वह एक सीधी रेखा में आगे बढ़ रहा है: अतीत से, वर्तमान के बीच से, और भविष्य की ओर। इस विचार को रैखिक समय कहा जाता है।

चित्र 41: चक्रीय समय

हालाँकि, इतिहास भर में कई संस्कृतियों और विचारकों ने एक अलग विचार में विश्वास किया है, जिसे चक्रीय समय कहा जाता है। यह विश्वास है कि समय एक वृत्त में चलता है, और पैटर्न बार-बार दोहराते हैं।

चक्रीय समय में घटनाएँ केवल हमेशा आगे ही नहीं बढ़ती रहतीं। इसके बजाय, ब्रह्मांड अंतहीन चक्रों में स्वयं को दोहराता है, जैसे ऋतुएँ वसंत से ग्रीष्म, ग्रीष्म से पतझड़, पतझड़ से सर्दी, और फिर वापस वसंत में बदलती हैं।

प्राचीन मान्यताएँ और चक्रीय समय

कई प्राचीन सभ्यताएँ चक्रीय समय में विश्वास करती थीं:

- प्राचीन हिंदू धर्म ब्रह्मांड को सृष्टि, विनाश और पुनर्जन्म के अंतहीन चक्रों से गुजरता हुआ बताता है, जिन्हें कल्प कहा जाता है।
- मायाओं का विश्वास था कि एक महान ब्रह्मांडीय कैलेंडर है, जिसमें समय दोहराते हुए चक्रों से होकर चलता है और लोगों तथा राष्ट्रों के भाग्य को प्रभावित करता है।
- यूनानियों ने 'महान वर्ष' की बात की, एक लंबे चक्र की, जिसके बाद ग्रह और तारे अपनी मूल स्थितियों में लौट आते, और घटनाएँ शायद दोहरातीं।

इन संस्कृतियों के लिए, समय एक विशाल पहिए जैसा था, जो हमेशा घूमता रहता है, जिसका कोई सच्चा आरंभ या अंत नहीं होता।

चक्रीय समय के प्राकृतिक उदाहरण

प्रकृति में भी हम ऐसे पैटर्न देख सकते हैं जो चक्रीय हैं:

- दिन और रात हर 24 घंटे में दोहराते हैं।
- ऋतुएँ वर्ष दर वर्ष नियमित क्रम में एक-दूसरे के बाद आती हैं।
- पौधों और जानवरों का जीवन चक्र एक पैटर्न का पालन करता है: जन्म, विकास, मृत्यु और नया जन्म।

ये दोहराते पैटर्न जीवन को एक लय देते हैं, बिल्कुल वैसे ही जैसे घड़ी की सुइयाँ वृत्त में घूमती हैं।

चक्रीय समय के बारे में आधुनिक वैज्ञानिक विचार

आज अधिकांश वैज्ञानिक ब्रह्मांड का अध्ययन करते समय रैखिक समय के विचार का उपयोग करते हैं। हालाँकि, कुछ आधुनिक सिद्धांत संकेत देते हैं कि समय स्वयं ऐसे तरीकों से चक्रीय हो सकता है, जिन्हें हम अभी पूरी तरह नहीं समझते। उदाहरण के लिए:

- बिग बाउंस सिद्धांत प्रस्तावित करता है कि ब्रह्मांड बिग बैंग और बिग क्रंच के अंतहीन चक्रों से गुजर सकता है, फैलता हुआ, सिकुड़ता हुआ, और फिर से फैलता हुआ।
- ब्लैक होल और ब्रह्मांडीय इन्फ्लेशन के बारे में कुछ सिद्धांत भी इस संभावना के लिए जगह छोड़ते हैं कि बहुत बड़े पैमाने पर

समय दोहराते तरीकों से व्यवहार कर सकता है।

इन विचारों की अभी भी खोज की जा रही है, और वैज्ञानिकों ने अभी तक सिद्ध नहीं किया है कि सार्वभौमिक स्तर पर समय सचमुच चक्रीय है। लेकिन वे दिखाते हैं कि समय का रहस्य आज भी विज्ञान में पूरी तरह जीवित है।

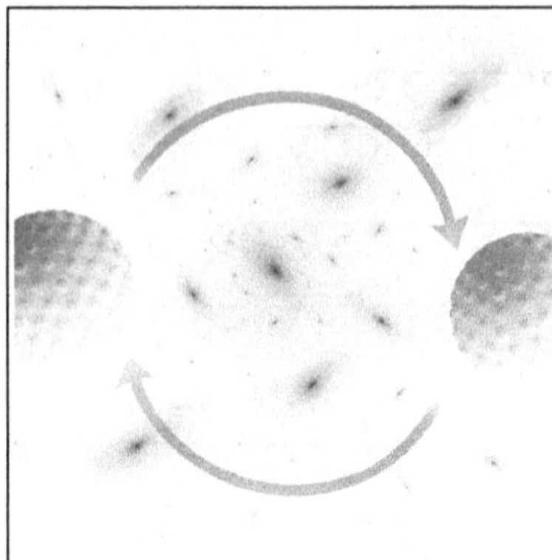

चित्र 42: बिग बाउंस सिद्धांत

निष्कर्ष

चक्रीय समय यह विचार है कि समय अंतहीन वृत्तों में चलता है, और घटनाएँ बार-बार दोहरती हैं। कई प्राचीन संस्कृतियाँ चक्रीय समय में विश्वास करती थीं, और प्रकृति में भी हमें ऐसे पैटर्न दिखते हैं जो चक्रीय महसूस होते हैं।

हालाँकि आधुनिक विज्ञान आमतौर पर समय को सीधी रेखा में आगे बढ़ता हुआ मानता है, नए सिद्धांत संकेत देते हैं कि विशेष परिस्थितियों में समय पूरे ब्रह्मांड में चक्रों में व्यवहार कर सकता है। समय चाहे सीधी सड़क हो या घूमता हुआ पहिया, यह हमारी दुनिया के सबसे महान रहस्यों में से एक बना हुआ है।

ब्लॉक टाइम: क्या ब्रह्मांड जमा हुआ है?

क्या हो अगर समय सचमुच बहता ही न हो? क्या हो अगर हमें केवल ऐसा महसूस होता हो कि वह बह रहा है?

कुछ वैज्ञानिक मानते हैं कि समय नदी जैसा नहीं है, जो अतीत से भविष्य की ओर तेज़ी से बहती हो। इसके बजाय, वे एक रहस्यमय विचार का वर्णन करते हैं, जिसे ब्लॉक टाइम कहा जाता है। ब्लॉक टाइम में अतीत, वर्तमान और भविष्य सब एक साथ मौजूद होते हैं, जैसे एक विशाल, अपरिवर्तनीय ब्लॉक, जिसमें हर वह घटना समाई होती है जो कभी हुई है या कभी होगी।

चित्र 43: ब्लॉक टाइम

एक कॉमिक पुस्तक की कल्पना कीजिए। हर पैनल एक अलग क्षण दिखाता है: नायक का जागना, खलनायक का रत्न चुराना, बारिश में अंतिम युद्ध। जब आप इसे पढ़ते हैं, तो आप पैनल से पैनल तक जाते हैं, एक समय में एक क्षण।

लेकिन पूरी कहानी पहले से ही वहाँ होती है, सारे पृष्ठ पहले से बने हुए। ब्लॉक टाइम ब्रह्मांड के बारे में कुछ ऐसा ही सुझाता है: हम बस एक-एक करके पैनल पलट रहे हैं, जबकि पूरी कहानी पहले से मौजूद है।

इस दृष्टिकोण में कोई ऐसा 'अब' नहीं है जो किसी दूसरे क्षण से अधिक वास्तविक हो। कल, आज और आने वाला कल, सभी समान रूप से वास्तविक हैं। हमारा मन, हमारी यादें और हमारी इंद्रियाँ ही ऐसा महसूस कराती हैं कि समय बीत रहा है।

यह एक अजीब विचार है। यदि हर क्षण पहले से मौजूद है, तो हमारी स्वतंत्र इच्छा कहाँ है? क्या हम अपना रास्ता चुनते हैं, या हम बस उसी रास्ते पर चल रहे हैं जो पहले से बना हुआ है? कुछ वैज्ञानिक कहते हैं कि भले ही ब्लॉक टाइम सच हो, हमारी पसंदें फिर भी ब्लॉक का हिस्सा हैं। हम सचमुच चुनते हैं, लेकिन हमारा चुनना भी हमेशा से उसी कहानी में था।

ब्लॉक टाइम का एक रोचक परिणाम यह है: यह बिना विरोधाभासों के समय यात्रा की अनुमति देता है। क्योंकि पूरा समय जमे हुए रूप में मौजूद है, कोई विरोधाभास नहीं हो सकता। सब कुछ पहले से हो चुका है, इसलिए ऐसा कुछ नहीं हो सकता जो समय विरोधाभास पैदा करे।

ब्लॉक टाइम वैसा महसूस नहीं होता जैसा हम अनुभव करते हैं। लेकिन कई भौतिक विज्ञानी कहते हैं कि यह आइंस्टाइन के सापेक्षता सिद्धांतों से मेल खाता है, और उससे भी कि ब्रह्मांड वास्तव में कैसे व्यवहार करता हुआ दिखता है। ऐसे जमे हुए ब्रह्मांड की कल्पना करना आसान नहीं है, जहाँ सब कुछ पहले से है। लेकिन कभी-कभी सत्य हमारी कल्पना से भी अधिक अजीब होता है।

और ब्लॉक टाइम शायद सभी अजीब सच्चाइयों में से एक हो सकता है। *पृष्ठ 60 पर दी गई ब्लॉक टाइम गतिविधि आज़माएँ।*

सटीक घड़ियाँ समय को कैसे मोड़ सकती हैं

समय पहले से ही अजीब है, लेकिन जितना पास से आप उसे देखते हैं, वह उतना ही और अजीब हो जाता है।

आप शायद सोचें कि ब्रह्मांड में कोई एक विशाल मुख्य घड़ी है, जो सब कुछ तालमेल में रखती है, जैसे कोई ब्रह्मांडीय संचालक तारों, ग्रहों और लोगों के लिए समय की लय बनाए रखता हो। लेकिन वैज्ञानिकों ने खोजा है कि यह सच नहीं है। समय सबके लिए एक जैसा टिक-टिक नहीं करता। वह फैल सकता है, सिकुड़ सकता है, या यहाँ तक कि मुड़ भी सकता है, यह इस बात पर निर्भर करता है कि आप कितनी तेज़ी से चल रहे हैं या गुरुत्वाकर्षण आपको कितना खींच रहा है।

अब भौतिक विज्ञानी एक कदम और आगे बढ़ गए हैं। उन्होंने विज्ञान के दो सबसे महत्वपूर्ण विचारों को साथ रखा है: क्वांटम यांत्रिकी, जो बताती है कि नन्हे कण कैसे व्यवहार करते हैं, और सामान्य सापेक्षता, जो बताती है कि

गुरुत्वाकर्षण अंतरिक्ष और समय को कैसे प्रभावित करता है। इन्हें मिलाकर वे एक अजीब बात की खोज कर रहे हैं: हम समय को जितनी अधिक सटीकता से मापने की कोशिश करते हैं, उतना ही हम अपने आसपास उसे गड़बड़ा सकते हैं।

चित्र 44: समय को मोड़ती हुई परमाणु घड़ी

रुकिए... क्या?

आइए एक कदम पीछे चलते हैं। क्वांटम यांत्रिकी में एक बात है, जिसे हाइजेनबर्ग अनिश्चितता सिद्धांत कहा जाता है। यह कहता है कि आप हर चीज़ को एक ही समय में पूरी तरह सटीक नहीं माप सकते। उदाहरण के लिए, यदि आप ठीक-ठीक जानते हैं कि कोई चीज़ कहाँ है, तो यह जानना कठिन हो जाता है कि वह कितनी तेज़ी से चल रही है। यह बेहतर माइक्रोस्कोप होने या न होने की बात नहीं है, यह ब्रह्मांड का एक नियम है। चीज़ें बस इसी तरह काम करती हैं।

अब ऐसी घड़ी के बारे में सोचिए जो समय के अविश्वसनीय रूप से छोटे-छोटे हिस्सों को माप सकती है, एक सेकंड से भी बहुत छोटे। इन वैज्ञानिकों के अनुसार, घड़ी जितनी अधिक सटीक होती है, हम उसके द्वारा उपयोग की जा रही ऊर्जा के बारे में उतने ही अधिक अनिश्चित हो जाते हैं। और ऊर्जा, आइंस्टाइन के प्रसिद्ध समीकरण $E = mc^2$ के कारण, द्रव्यमान से जुड़ी होती है। और अंदाज़ा लगाइए? द्रव्यमान अंतरिक्ष और समय को मोड़ता है।

तो यहाँ मोड़ यह है: एक अत्यंत सटीक घड़ी वास्तव में अपने आसपास समय को थोड़ा-सा मोड़ सकती है, इतना थोड़ा कि वह उसी समय को धुँधला कर दे जिसे वह मापने की कोशिश कर रही है!

बेशक, यह कुछ ऐसा नहीं है जो आपकी डिजिटल घड़ी या रसोई का टाइमर करेगा। यह केवल अत्याधुनिक प्रयोगशालाओं में मायने रखता है, जहाँ ऐसी परमाणु घड़ियों का उपयोग किया जाता है जो इतनी सटीक होती हैं कि वे समय में अरबवें हिस्से के अंतर को माप सकती हैं। फिर भी, यह विचार वैज्ञानिकों को सबसे बड़े रहस्यों में से एक की खोज में मदद करता है: समय वास्तव में क्या है।

इसलिए आपका स्कूल का दिन अचानक तेज़ या धीमा नहीं हो जाएगा, सिर्फ़ इसलिए कि किसी ने स्टॉपवॉच चला दी। लेकिन यह शोध हमें दिखाता है कि समय सरल नहीं है। वह लचीला है, रहस्यमय है, और ब्रह्मांड की बनावट से गहराई से जुड़ा हुआ है।

और हम उसे जितनी अधिक सटीकता से पकड़ने की कोशिश करते हैं, वह उतना ही हमारी उँगलियों के बीच से फिसल सकता है।

काल्पनिक समय

जब आप समय के बारे में सोचते हैं, तो शायद आप उसे ऐसी चीज़ मानते हैं जो आगे बढ़ती है, सेकंड दर सेकंड, घंटा दर घंटा, जैसे टिक-टिक करती घड़ी। इसे वास्तविक समय कहा जाता है, और यही वह तरीका है जिससे हम हर दिन समय का अनुभव करते हैं।

हालाँकि, वैज्ञानिकों ने एक अलग विचार भी विकसित किया है, जिसे काल्पनिक समय कहा जाता है। यह विचार अजीब लगता है, लेकिन यह समझाने में मदद करता है कि ब्रह्मांड कैसे काम करता है, खासकर जब ब्लैक होल और ब्रह्मांड की शुरुआत जैसी चीज़ों का अध्ययन किया जाता है।

काल्पनिक समय केवल 'नकली' समय नहीं है। यह बहुत उन्नत गणित और भौतिकी में उपयोग किया जाने वाला एक वास्तविक विचार है। यहाँ 'काल्पनिक' शब्द गणित की काल्पनिक संख्याओं से आता है, यानी ऐसी संख्याएँ जिनमें ऋणात्मक एक का वर्गमूल शामिल होता है।

काल्पनिक समय अलग कैसे है?

वास्तविक समय में हम अतीत से वर्तमान की ओर और फिर भविष्य में बढ़ते हैं। इसमें एक स्पष्ट दिशा होती है: कल आज से पहले हुआ था, और आज कल से पहले होता है। काल्पनिक समय अलग है:

> इसका कोई आरंभ या अंत नहीं होता।
>
> यह वास्तविक समय की तुलना में अंतरिक्ष जैसा अधिक व्यवहार कर सकता है।
>
> इसमें अतीत से भविष्य की ओर इशारा करता कोई स्पष्ट 'तीर' नहीं होता।

कल्पना कीजिए कि आप एक वृत्त के चारों ओर चल रहे हैं। वहाँ कोई विशेष आरंभ या अंत बिंदु नहीं होता, आप हमेशा चक्कर लगाते रह सकते हैं। काल्पनिक समय उस वृत्त जैसा अधिक व्यवहार करता है, जहाँ समय सीधी रेखा के बजाय एक बंद, चिकना लूप बनाता है।

वैज्ञानिक काल्पनिक समय का उपयोग क्यों करते हैं?

स्टीफन हॉकिंग जैसे वैज्ञानिकों ने बहुत कठिन समस्याओं को समझाने में मदद के लिए काल्पनिक समय का उपयोग करने का सुझाव दिया, जैसे:

बिग बैंग से पहले क्या हुआ?

वास्तविक समय में ऐसा लगता है कि समय बिग बैंग के साथ शुरू हुआ। लेकिन काल्पनिक समय में शायद कोई 'शुरुआत' हो ही नहीं, केवल एक चिकना, मुड़ा हुआ आकार हो, जैसे गेंद की सतह।

ब्लैक होल के अंदर क्या होता है?

ब्लैक होल में गुरुत्वाकर्षण इतना शक्तिशाली होता है कि वे समय और अंतरिक्ष को अत्यधिक ढंग से मोड़ देते हैं। काल्पनिक समय वैज्ञानिकों को इन अजीब वातावरणों का वर्णन करने में मदद कर सकता है, जहाँ वास्तविक समय और अंतरिक्ष आपस में उलझ जाते हैं।

अपनी गणनाओं में काल्पनिक समय का उपयोग करके वैज्ञानिक ब्रह्मांड के सबसे रहस्यमय हिस्सों को बेहतर समझ सकते हैं।

क्या काल्पनिक समय वास्तविक है?

काल्पनिक समय एक उपकरण है, जिसका उपयोग वैज्ञानिक कठिन समस्याओं को हल करने के लिए करते हैं। यह शायद ऐसी चीज़ न हो जिसे हम वास्तविक समय की तरह अनुभव कर सकें।

कुछ वैज्ञानिक मानते हैं कि काल्पनिक समय केवल यह बताने का एक उपयोगी तरीका है कि चरम परिस्थितियों में चीज़ें कैसे व्यवहार करती हैं। दूसरे सोचते हैं कि यह ब्रह्मांड की बनावट के बारे में और गहरे सत्य की ओर संकेत कर सकता है।

भले ही हम काल्पनिक समय में चल-फिर नहीं सकते, उसका अध्ययन वैज्ञानिकों को बड़े सवाल पूछने में मदद करता है:

> "क्या समय का कोई आरंभ नहीं हो सकता?"
>
> "क्या ब्रह्मांड किसी स्पष्ट 'पहले' और 'बाद' के बिना अस्तित्व में हो सकता है?"

ये आज विज्ञान के सबसे बड़े रहस्यों में से कुछ हैं।

निष्कर्ष

काल्पनिक समय एक आकर्षक विचार है, जिसमें समय अंतरिक्ष जैसा अधिक व्यवहार करता है और उसका कोई स्पष्ट आरंभ या अंत नहीं होता।

भले ही यह हमारे रोज़मर्रा के अनुभव का हिस्सा नहीं है, फिर भी यह वैज्ञानिकों को ब्लैक होल, बिग बैंग, और ब्रह्मांड के सबसे गहरे रहस्यों की खोज करने में मदद करता है।

काल्पनिक समय हमें दिखाता है कि विज्ञान में कभी-कभी सबसे अनोखे विचार सबसे महान खोजों के द्वार खोलते हैं।

क्या समय वास्तविक है?

हो सकता है आपने कभी किसी कूल विज्ञान शिक्षक से, जिसने गैलेक्सी वाले मोज़े पहने हों, या अपनी मौसी की डिनर पार्टी में किसी ऐसे मेहमान से, जिसे ब्लैक होल की बात छेड़नी ही थी, यह सुना हो कि समय वास्तविक नहीं है। यह

सुनने में बड़ा अजीब लगता है, है ना? जैसे कोई बात केवल विज्ञान-कथा ही कहने की हिम्मत करे। लेकिन यहाँ मोड़ यह है: कुछ वैज्ञानिक इससे सहमत हैं।

यह विचार B-सिद्धांत नाम की चीज़ से आता है, और यह केवल जीभ उलझाने वाला शब्द नहीं है! यह दिमाग उलझाने वाला विचार है! B-सिद्धांत कहता है कि समय नदी की तरह बह नहीं रहा। इसके बजाय, अतीत, वर्तमान और भविष्य सभी समान रूप से मौजूद हैं, एक-दूसरे के पास-पास, जैसे किसी ब्रह्मांडीय स्क्रैपबुक में तस्वीरें। जो बदलता है वह समय नहीं, बल्कि आप हैं। आपका मन, आपकी यादें, आपकी भावनाएँ ही एक क्षण को 'अब' और दूसरे को 'तब' जैसा महसूस कराती हैं।

इस दृष्टिकोण में, समय एक भ्रम है। इसका अर्थ यह नहीं कि समय बिल्कुल मौजूद नहीं है, बल्कि यह कि समय का हमारा अनुभव इस बात से अधिक आकार लेता है कि हमारा मस्तिष्क कैसे काम करता है, न कि स्वयं ब्रह्मांड से। आपको लगता है कि समय बीत रहा है, टिक रहा है, बदल रहा है। लेकिन ब्रह्मांड के दृष्टिकोण से? शायद सब कुछ बस है, अपरिवर्तित, अचल, कालातीत।

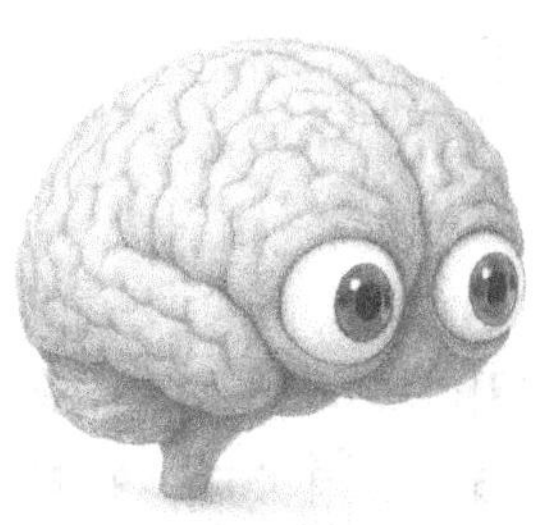

चित्र 45: समय का अवलोकन करता मस्तिष्क

आधुनिक भौतिक विज्ञानी इस विचार को गंभीरता से लेते हैं। सापेक्षता के अनुसार, समय हर जगह एक जैसा व्यवहार नहीं करता। यह विशाल वस्तुओं के पास मुड़ता है। जब आप तेज़ चलते हैं, तो यह धीमा हो जाता है। यह इस पर निर्भर करता है कि आप कहाँ हैं और कैसे चल रहे हैं। सबके लिए टिक-टिक करती कोई एक, सार्वभौमिक घड़ी नहीं है।

तो, क्या समय वास्तविक है? खैर, यह इस पर निर्भर करता है कि आप 'वास्तविक' से क्या मतलब लेते हैं। हमारे लिए यह वास्तविक है। हम बूढ़े होते हैं, जन्मदिन मनाते हैं, कल को याद करते हैं और आने वाले कल की योजना बनाते हैं। लेकिन ब्रह्मांड समय को बहुत अलग ढंग से देख सकता है। शायद उसे शुरुआत, मध्य और अंत दिखाई ही न देते हों।

शायद वह सब कुछ एक साथ देखता हो।

अध्याय 4 – समय की अनुभूति

क्या आपने कभी ध्यान दिया है कि जब आप मज़े कर रहे होते हैं तो समय तेज़ी से चलता हुआ लगता है, और जब आप ऊब रहे होते हैं तो धीमा? भले ही घड़ियाँ हमेशा एक ही गति से टिक-टिक करती हैं, समय का हमारा अनुभव स्थिर नहीं लगता। ऐसा इसलिए होता है क्योंकि समय की अनुभूति, यानी हम समय को कैसे महसूस करते हैं, हमारे मन की रचना है।

इस अध्याय में आप सीखेंगे कि आपका मस्तिष्क समय को कैसे मापता है, आपकी समय की समझ को क्या प्रभावित करता है, और अलग-अलग क्षण लंबे या छोटे क्यों महसूस हो सकते हैं।

चित्र 46: समय की अनुभूति

मस्तिष्क समय को कैसे मापता है?

आपकी आँखों के विपरीत, जो प्रकाश देखती हैं, या आपके कानों के विपरीत, जो ध्वनि सुनते हैं, आपके मस्तिष्क में कोई विशेष 'समय अंग' नहीं होता। इसके बजाय, मस्तिष्क के अलग-अलग भाग मिलकर समय बीतने की भावना बनाते हैं। इसमें शामिल कुछ महत्वपूर्ण भाग हैं:

> सेरिबेलम: समय के छोटे-छोटे अंतरालों में मदद करता है, जैसे गेंद पकड़ने में कितना समय लगता है।
>
> बेसल गैन्लिया: थोड़ा लंबे समय को मापने में मदद करता है, जैसे किसी खेल में कूदने से पहले कुछ सेकंड इंतज़ार करना।
>
> प्रीफ्रंटल कॉर्टेक्स: समय के साथ कामों की योजना बनाने में मदद करता है, जैसे होमवर्क व्यवस्थित करना या यह याद रखना कि स्कूल तक पैदल जाने में कितना समय लगता है।

मस्तिष्क के ये भाग छोटे पैटर्न और बदलावों का हिसाब रखते हैं, जैसे आपके दिल की धड़कन, आपकी साँसों की लय, या आप कितनी बार पलक झपकाते हैं। इन नन्हे संकेतों को गिनकर आपका मस्तिष्क यह समझ बनाता है कि कितना समय बीत चुका है।

कभी-कभी समय अलग क्यों महसूस होता है?

भले ही घड़ियाँ हमेशा स्थिर गति से चलती हैं, आपके मन की समय अनुभूति तेज़ या धीमी हो सकती है। इसके कई कारण हो सकते हैं:

ध्यान: जब आप अपने काम पर पूरा ध्यान देते हैं, तो समय अक्सर जल्दी बीतता हुआ लगता है। उदाहरण: अपना पसंदीदा वीडियो गेम खेलते समय एक घंटा केवल कुछ मिनटों जैसा लग सकता है।

जब आप ऊब रहे होते हैं या ध्यान केंद्रित नहीं कर रहे होते, तो हर छोटा सेकंड खिंचता हुआ महसूस होता है। उदाहरण: प्रतीक्षा कक्ष में बैठने पर पाँच मिनट एक घंटे जैसे लग सकते हैं।

भावनाएँ: तीव्र भावनाएँ आपके समय के अनुभव को फैला या सिकोड़ सकती हैं।

> जब आप डरते हैं, तो समय धीमा लगता है क्योंकि आपका मस्तिष्क जानकारी को अधिक सावधानी से इकट्ठा करता है।
>
> जब आप खुश और उत्साहित होते हैं, तो समय दौड़ता हुआ लग सकता है क्योंकि आपका मस्तिष्क आनंदमय गतिविधियों में बहुत व्यस्त होता है।

उम्र: कम उम्र के लोगों को अक्सर समय धीमा लगता है क्योंकि हर अनुभव नया होता है। नई यादें एक-दूसरे के पास घनी तरह जमा होती हैं, जिससे समय अधिक भरा हुआ और लंबा लगता है।

जैसे-जैसे लोग बड़े होते हैं, जीवन अधिक नियमित हो जाता है, और मस्तिष्क हर दिन कम नई यादें बनाता है। इससे समय तेज़ी से बीतता हुआ लगता है।

दिनचर्या बनाम नए अनुभव: जब आप हर दिन वही काम करते हैं, तो समय तेज़ी से गुजरता हुआ लगता है। जब आपके पास नए अनुभव होते हैं, तो समय धीमा लगता है।

इसी कारण छुट्टियाँ या विशेष दिन साधारण स्कूल के दिनों की तुलना में अधिक लंबे और अधिक यादगार लग सकते हैं।

वैज्ञानिक समय की अनुभूति का अध्ययन कैसे करते हैं?

वैज्ञानिक यह अध्ययन करने के लिए कई रचनात्मक प्रयोग करते हैं कि लोग समय को कैसे महसूस करते हैं। एक सामान्य तरीका यह है कि लोगों को बीप सुनाई जाती है या प्रकाश की चमक दिखाई जाती है, और उनसे अनुमान लगाने को कहा जाता है कि वह कितनी देर तक रही।

एक दूसरा तरीका यह है कि लोगों से बिना घड़ी देखे यह अनुमान लगाने को कहा जाता है कि किसी घटना में कितना समय लगा। लोगों के अनुमानों की तुलना करके वैज्ञानिक सीखते हैं कि हमारा मस्तिष्क छोटे और लंबे समय अंतरालों को कैसे संभालता है।

वैज्ञानिकों ने यह भी पाया है कि अलग-अलग जानवर समय को अलग-अलग तरह से महसूस करते हैं। उदाहरण के लिए:

> एक मक्खी, जो जानकारी को बहुत तेज़ी से संसाधित करती है, मनुष्यों की तुलना में दुनिया को 'धीमी गति' में अनुभव कर सकती है।
>
> बड़े और धीमे चलने वाले जानवर समय को धीमे और अधिक फैले हुए ढंग से अनुभव कर सकते हैं।

मन की विशेष तरकीबें

कभी-कभी हमारा मस्तिष्क समय को महसूस करने के तरीके में हमें चकमा देता है।

> ऑडबॉल प्रभाव: यदि कुछ आश्चर्यजनक होता है, जैसे अचानक तेज़ आवाज़, तो वह सामान्य घटनाओं की तुलना में अधिक देर तक चलता हुआ लगता है।
>
> क्रोनोस्टेसिस: जब आप जल्दी से घड़ी की ओर देखते हैं, तो सेकंड वाली सुई एक पल के लिए रुकी हुई लग सकती है। ऐसा इसलिए होता है क्योंकि आपकी तेज़ आँखों की गति के दौरान आपका मस्तिष्क समय को 'भर' रहा होता है।

ये तरकीबें दिखाती हैं कि समय, जैसा हम उसे अनुभव करते हैं, हमेशा वैसा नहीं होता जैसा वह दिखता है!

निष्कर्ष

समय केवल वह चीज़ नहीं है जिसे घड़ियाँ मापती हैं। उसे आपका मस्तिष्क, आपका ध्यान, आपकी भावनाएँ और आपकी यादें भी आकार देती हैं।

हालाँकि वास्तविक, भौतिक समय स्थिर रूप से टिक-टिक करता रहता है, आपकी समय अनुभूति लचीली है। यह फैल सकती है, सिकुड़ सकती है, तेज़ हो सकती है, या धीमी हो सकती है, यह इस बात पर निर्भर करता है कि आप क्या कर रहे हैं और कैसा महसूस कर रहे हैं।

समय को हम कैसे महसूस करते हैं, यह समझना हमें याद दिलाता है कि समय केवल यांत्रिक टिक-टिक की आवाज़ नहीं है। यह एक समृद्ध, रहस्यमय अनुभव है, जो हमारे जीवन के हर क्षण को विशेष बनाता है। *अपनी समय अनुभूति की खोज करें देखें (पृष्ठ 77)।*

अध्याय 5 – समय यात्रा

चित्र 47: समय यात्रा

समय यात्रा विज्ञान और कहानी कहने, दोनों में सबसे रोमांचक विचारों में से एक है। बहुत से लोग सपने देखते हैं कि वे अतीत में जाकर डायनासोरों को देख सकें, या भविष्य में जाकर अद्भुत नए आविष्कारों को देख सकें। लेकिन क्या समय यात्रा केवल एक मज़ेदार कल्पना है, या यह सचमुच हो सकती है?

इस अध्याय में आप सीखेंगे कि वैज्ञानिक समय यात्रा के बारे में क्या सोचते हैं, फिल्मों ने इसकी कल्पना कैसे की है, समय यात्रा

विरोधाभास कहलाने वाली अजीब समस्याएँ क्या हैं, और कैसे एक तरह से हम दूरबीनों का उपयोग करके पहले से ही अतीत में झाँकते हैं।

समय यात्रा पर वैज्ञानिक विचार

समय यात्रा विज्ञान के सबसे आकर्षक रहस्यों में से एक है। यह केवल अंतरिक्ष में चलने का विचार नहीं है, बल्कि स्वयं समय में चलने का विचार है, दूर भविष्य में छलाँग लगाना या भूले हुए अतीत में चुपके से फिसल जाना। कई रोमांचक कहानियाँ शक्तिशाली मशीनों या अजीब द्वारों की कल्पना करती हैं, जो समय यात्रा को संभव बनाते हैं। लेकिन विज्ञान सचमुच क्या कहता है?

वैज्ञानिकों ने खोजा है कि समय अंतरिक्ष से अलग चीज़ नहीं है। दोनों मिलकर एक भव्य ताना-बाना बनाते हैं, जिसे स्पेसटाइम कहा जाता है। अल्बर्ट आइंस्टाइन के सापेक्षता सिद्धांत के अनुसार, स्पेसटाइम कठोर और अपरिवर्तनीय नहीं है। यह तारों और ब्लैक होल जैसी भारी वस्तुओं के प्रभाव में मुड़, ऐंठ और फैल सकता है। जब वस्तुएँ प्रकाश की गति के पास अत्यंत तेज़ चलती हैं, तब भी यह विकृत हो सकता है।

स्पेसटाइम का यह मुड़ना समय यात्रा के लिए एक छोटा, झिलमिलाता द्वार खोलता है, कम से कम भविष्य की ओर। यदि कोई व्यक्ति प्रकाश की गति के बहुत करीब यात्रा कर सके, तो उसके लिए समय पीछे रह गए लोगों की तुलना में धीमा हो जाएगा। इस अजीब प्रभाव को समय प्रसार कहा जाता है। इसका अर्थ है कि यात्री लौटकर पाएँगे कि दूसरों के लिए उनसे अधिक समय बीत चुका है। एक शांत ढंग से, अंतरराष्ट्रीय अंतरिक्ष स्टेशन पर मौजूद अंतरिक्ष यात्री हर दिन थोड़ी-सी समय यात्रा अनुभव करते हैं, क्योंकि वे पृथ्वी पर मौजूद लोगों की तुलना में बस ज़रा-सा धीमे बूढ़े होते हैं।

अतीत को देखने का एक सीमित रूप विज्ञान प्राप्त कर चुका है। पृथ्वी की कक्षा में मौजूद आधुनिक दूरबीनें, जिनमें हबल दूरबीन भी शामिल है, दूर अतीत में झाँकती हैं। क्योंकि प्रकाश एक आकाशगंगा से दूसरी आकाशगंगा तक लगभग 300,000 मीटर प्रति सेकंड, यानी 186,000 मील प्रति सेकंड, की गति से यात्रा करता है, इसलिए बहुत दूर स्थित आकाशगंगाओं का प्रकाश हम तक पहुँचने में अरबों वर्ष लेता है। जब हम दृश्य ब्रह्मांड के दूसरे छोर पर स्थित आकाशगंगाओं को देखते हैं, तो हम उन्हें वैसा देख रहे होते हैं जैसी वे अरबों वर्ष पहले दिखाई देती थीं।

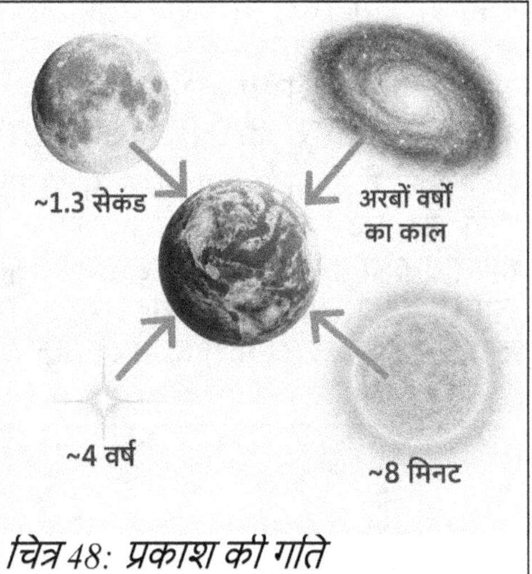

चित्र 48: प्रकाश की गति

चंद्रमा से प्रकाश को पृथ्वी तक पहुँचने में लगभग 1.3 सेकंड लगते हैं।

सूर्य से प्रकाश को लगभग 8 मिनट लगते हैं।

सूर्य के अलावा सबसे निकटतम तारे से प्रकाश को लगभग 4 वर्ष लगते हैं।

दूरस्थ आकाशगंगाओं से प्रकाश को हम तक पहुँचने में अरबों वर्ष लग सकते हैं!

आज भविष्य की ओर समय यात्रा हो रही है, हालाँकि केवल बहुत छोटे, लगभग अदृश्य तरीकों से। म्यूऑन प्रकाश की गति के पास यात्रा करते हैं। जब म्यूऑन ऊपरी वायुमंडल में ब्रह्मांडीय किरणों द्वारा बनाए जाते हैं, तो वे केवल 2.2 माइक्रोसेकंड, यानी 0.0000022 सेकंड, तक ही टिकते हैं। क्योंकि वे प्रकाश की गति के पास यात्रा कर रहे होते हैं, म्यूऑन पृथ्वी तक पहुँच सकते हैं।

चित्र 49: वर्महोल की कलाकार द्वारा कल्पना

लेकिन अतीत में यात्रा करना अभी भी एक धुँधला और अनिश्चित सपना है। कुछ वैज्ञानिक सोचते हैं कि ब्रह्मांड में अजीब संरचनाएँ, जैसे वर्महोल, यानी स्पेसटाइम के ताने-बाने में सुरंगें, दूरस्थ स्थानों के साथ-साथ दूरस्थ समयों को भी जोड़ सकती हैं। लेकिन वर्महोल, यदि वे सचमुच मौजूद हैं, तो नाजुक और खतरनाक होंगे। वे किसी भी चीज़ के गुजरने से पहले ही ढह सकते हैं। उन्हें 'नकारात्मक ऊर्जा' की आवश्यकता हो सकती है। हम कभी भी नकारात्मक ऊर्जा बना नहीं पाए हैं। और यदि कोई तरीका मिल भी जाए, तो यात्रियों को उलझाने वाले ख़तरों का सामना करना पड़ सकता है, जैसे समय विरोधाभास, जहाँ अतीत में किए गए छोटे बदलाव आगे भविष्य तक लहरों की तरह फैलकर उसे उलझा सकते हैं।

अतीत में यात्रा करना अभी भी अज्ञात के कोहरे में छिपा हुआ है। वैज्ञानिक तारों को देखते रहते हैं, ब्लैक होल का अध्ययन करते रहते हैं, और समय की वास्तविक प्रकृति के बारे में साहसी प्रश्न पूछते रहते हैं। हालाँकि अभी कोई नहीं जानता कि समय यात्रा के गहरे रहस्य कभी खुलेंगे या नहीं, एक बात निश्चित है: ब्रह्मांड हमारी कल्पना से कहीं अधिक अजीब और अद्भुत है।

ब्रह्मांडीय तंतु: आरंभिक ब्रह्मांड के धागे

वैज्ञानिक विचारों के सबसे दूरस्थ कोनों में, कॉस्मिक स्ट्रिंग्स नामक अजीब वस्तुओं की फुसफुसाहट सुनाई देती है। ये वे धागे नहीं हैं जो आपको ऊन के

गोले में मिलते हैं, बल्कि प्राचीन, अदृश्य तंतु हैं, जो शायद स्वयं ब्रह्मांड के आर-पार फैले हो सकते हैं।

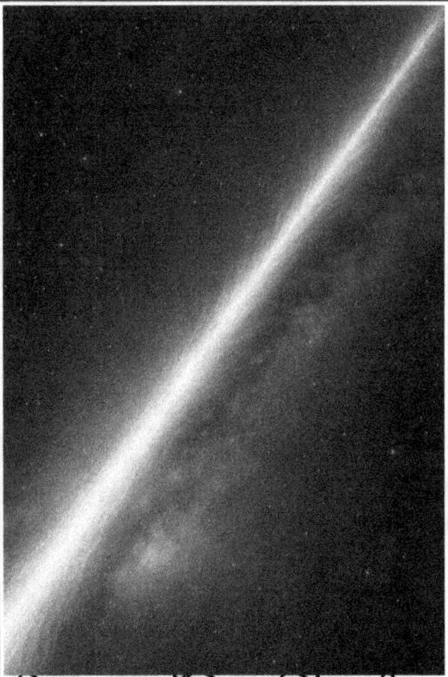
चित्र 50: कॉस्मिक स्ट्रिंग की कलाकार द्वारा कल्पना

वैज्ञानिक मानते हैं कि यदि कॉस्मिक स्ट्रिंग्स मौजूद हैं, तो वे बिग बैंग के कुछ ही क्षणों बाद बनी होंगी, जब ब्रह्मांड अकल्पनीय रूप से गर्म और घना था। जैसे-जैसे ब्रह्मांड फैला और ठंडा हुआ, उसने स्पेसटाइम के ताने-बाने में पतली, शक्तिशाली 'दरारें' पीछे छोड़ दी होंगी, जैसे ठंडी होती सतह पर झुर्रियाँ। ये दरारें लंबी, सँकरी वस्तुओं में बदल गई होंगी: कॉस्मिक स्ट्रिंग्स।

एक कॉस्मिक स्ट्रिंग अविश्वसनीय रूप से पतली होगी, परमाणु से भी पतली, लेकिन उसमें अपार ऊर्जा भरी होगी। सच तो यह है कि कॉस्मिक स्ट्रिंग का केवल एक मील हिस्सा किसी पहाड़ से भी अधिक भारी हो सकता है! और क्योंकि उनमें इतना अधिक द्रव्यमान और ऊर्जा होगी, कॉस्मिक स्ट्रिंग्स अपने आसपास स्पेसटाइम को मोड़ सकती हैं, कुछ वैसे ही जैसे बिस्तर पर रखी भारी बारबेल बिस्तर को नीचे धँसा देती है।

स्पेसटाइम का यह मुड़ना महत्वपूर्ण है, क्योंकि यह एक जिज्ञासु प्रश्न उठाता है: क्या कॉस्मिक स्ट्रिंग्स समय यात्रा को संभव बना सकती हैं? कुछ वैज्ञानिकों ने सुझाव दिया है कि यदि दो कॉस्मिक स्ट्रिंग्स एक-दूसरे के पास से गुजरें, या यदि एक कॉस्मिक स्ट्रिंग प्रकाश की गति के लगभग बराबर गति से चले, तो स्पेसटाइम का मुड़ना इतना तीव्र हो सकता है कि वह समय में लूप बना दे। कोई यात्री इनमें से किसी लूप के साथ चलकर अतीत में लौट सकता है, या भविष्य में बहुत दूर छलाँग लगा सकता है।

हालाँकि, कॉस्मिक स्ट्रिंग्स अभी भी एक रहस्य हैं। किसी ने भी उनके अस्तित्व का प्रत्यक्ष प्रमाण कभी नहीं पाया है। वे भौतिकी के समीकरणों में लिखी प्राचीन कथाओं जैसी हैं: संभव, लेकिन सिद्ध नहीं। दूरबीनें और वैज्ञानिक यंत्र आकाश की खोज कर रहे हैं, इन छिपे हुए तंतुओं के संकेत पकड़ने की आशा में। यदि वे वास्तविक हैं, तो वे न केवल आरंभिक ब्रह्मांड के रहस्य खोल सकती हैं, बल्कि हमें यह भी दिखा सकती हैं कि क्या समय स्वयं मरोड़ा और मोड़ा जा सकता है।

कॉस्मिक स्ट्रिंग्स हमें याद दिलाती हैं कि ब्रह्मांड शायद अब भी रहस्य सँभाले बैठा है, एक छिपे हुए धागे की तरह प्रतीक्षा करता हुआ, ताकि वे लोग उसे खोज सकें जो पर्याप्त ध्यान से देखने का साहस करते हैं।

समय यात्रा को दिखाने वाली फ़िल्में

कई लोकप्रिय फ़िल्मों ने समय यात्रा को रचनात्मक और रोमांचक तरीकों से खोजा है। यहाँ मेरी तीन पसंदीदा फ़िल्में दी गई हैं:

भविष्य में वापिस (1985):

भविष्य में वापिस एक क्लासिक विज्ञान-कथा रोमांचक फ़िल्म है, जो समय यात्रा की रोमांचकारी संभावनाओं और ख़तरों को खोजती है। कहानी मार्टी मैकफ़्लाई के बारे में है, जो एक किशोर है। वह अपने अनोखे मित्र डॉ. एम्मेट 'डॉक' ब्राउन द्वारा बनाई गई टाइम मशीन का उपयोग करके गलती से 1985 से 1955 में चला जाता है। टाइम मशीन को चतुराई से एक स्पोर्ट्स कार के रूप में छिपाया गया है, और वह समय की बाधा को तोड़ने के लिए ऊर्जा के एक शक्तिशाली विस्फोट का उपयोग करती है।

घर लौटने का कोई स्पष्ट रास्ता न होने के कारण अतीत में फँसा मार्टी एक संकट का सामना करता है: वह अनजाने में उन घटनाओं को बिगाड़ देता है जिनके कारण उसके माता-पिता एक-दूसरे से प्रेम करने लगे थे। यदि वह अतीत को ठीक नहीं कर पाता, तो वह अपने ही अस्तित्व को मिटा देने का जोखिम उठाता है। डॉक ब्राउन के युवा रूप की मदद से मार्टी को 1955 की अनजानी दुनिया में रास्ता बनाना होता है, चीज़ों को सही करना होता है, और अपनी समय यात्रा मशीन को अपने समय में लौटने की यात्रा के लिए शक्ति देने का तरीका खोजना होता है।

पूरी फ़िल्म में, *भविष्य में वापिस* कारण और प्रभाव के नाज़ुक संतुलन, इतिहास बदलने के विरोधाभासों, और समय यात्रा के रोमांचक आश्चर्य को उजागर करती है। यह दर्शकों को याद दिलाती है कि अतीत की छोटी-छोटी क्रियाएँ भी भविष्य में गूँज सकती हैं, और समय स्वयं एक ऐसी शक्ति है जो रोमांचक भी है और रहस्य से भरी भी।

इंटरस्टेलर (2014):

इंटरस्टेलर एक विज्ञान-कथा फ़िल्म है, जो तारों के बीच मानवता के अस्तित्व और ब्रह्मांड में समय के अजीब व्यवहार की खोज करती है। कहानी एक ऐसे भविष्य में घटती है जहाँ पृथ्वी रहने योग्य नहीं रह गई है। पूर्व पायलट कूपर मानव जाति के लिए नया घर खोजने के एक साहसी अभियान में शामिल होता है। वह वैज्ञानिकों की एक टीम के साथ शनि के पास स्थित एक रहस्यमय वर्महोल से होकर यात्रा करता है, जो दूरस्थ आकाशगंगाओं तक जाने का एक छोटा रास्ता है।

जब वे अजनबी ग्रहों की यात्रा करते हैं, तो दल ब्रह्मांड के सबसे गहरे रहस्यों में से एक का सामना करता है: समय हर जगह एक ही तरह से नहीं बीतता। गर्गैंचुआ नामक एक विशाल ब्लैक होल के पास स्थित ग्रह पर गुरुत्वाकर्षण बल इतना शक्तिशाली है कि समय नाटकीय रूप से धीमा हो जाता है। उस ग्रह की सतह पर बिताए गए हर एक घंटे के लिए दूर मौजूद लोगों के लिए सात वर्ष बीत जाते हैं।

यह घटना, जिसे गुरुत्वीय समय प्रसार कहा जाता है, कूपर को उसके परिवार से हृदयविदारक तरीकों से अलग कर देती है। जो मिशन उसे छोटा लगता है, वह पृथ्वी पर दशकों में फैल जाता है। कहानी में आगे चलकर कूपर ब्लैक होल के और भी पास जाता है, जहाँ समय और अंतरिक्ष अजीब आकारों में मुड़ जाते हैं, जिससे वह अतीत को ऐसे तरीकों से प्रभावित कर पाता है जो लगभग जादुई लगते हैं।

अपनी नाटकीय कहानी के माध्यम से, *इंटरस्टेलर* दिखाती है कि समय यात्रा भौतिकी के नियमों के माध्यम से स्वाभाविक रूप से हो सकती है, मशीनों या जादू से नहीं, बल्कि स्वयं स्पेसटाइम के अत्यधिक मुड़ने से। यह दर्शकों को ऐसे ब्रह्मांड की कल्पना करने के लिए आमंत्रित करती है, जहाँ अतीत, वर्तमान और भविष्य उन तरीकों से बुने हुए हैं जिन्हें हम अभी समझना शुरू ही कर रहे हैं।

The Adam Project (द ऍडम प्रॉजेक्ट) (2022):

The Adam Project (द ऍडम प्रॉजेक्ट) एक विज्ञान-कथा रोमांचक फ़िल्म है, जो अतीत को ठीक करने और भविष्य को आकार देने में समय यात्रा की शक्ति को खोजती है। कहानी तब शुरू होती है जब वर्ष 2050 का समय-यात्री लड़ाकू पायलट एडम रीड भविष्य को विनाश से बचाने की कोशिश करते हुए 2022 में दुर्घटनाग्रस्त होकर उतरता है। घायल और पीछा किए जाने की स्थिति में, वह अपने बारह वर्षीय स्वयं के साथ मिलकर काम करता है, जो थोड़ा अटपटा, बुद्धिमान और शोक में डूबा लड़का है, जो अभी भी अपने पिता की मृत्यु से जूझ रहा है।

दोनों एडम मिलकर भविष्य के दुश्मनों का सामना करते हैं और अपने पिता को खोजने के लिए समय में और भी पीछे जाते हैं। उनके पिता एक प्रतिभाशाली वैज्ञानिक हैं, जिन्होंने अनजाने में समय यात्रा का आविष्कार किया था। उनका मिशन केवल समय यात्रा के दुरुपयोग को हमेशा के लिए रोकना नहीं है, बल्कि उन टूटे हुए रिश्तों को भी सुधारना है जिन्होंने उनके जीवन को आकार दिया।

पूरी फ़िल्म में, *The Adam Project (द ऍडम प्रॉजेक्ट)* दिखाती है कि समय यात्रा केवल दूसरे वर्षों में जाने की बात नहीं है। यह हमारे चुनावों के परिणामों और सुधार की संभावना के बारे में भी है। समय लूप, विरोधाभास, और अपने छोटे तथा बड़े रूपों से मिलने का भावनात्मक भार मिलकर एक ऐसी कहानी बुनते हैं, जो दिखाती है कि अतीत, वर्तमान और भविष्य कितनी गहराई से जुड़े हैं।

समय यात्रा विरोधाभास

समय यात्रा की सबसे बड़ी समस्याओं में से एक को विरोधाभास कहा जाता है। विरोधाभास तब होता है जब दो बातें ऐसी हों जो एक ही समय में दोनों सच नहीं हो सकतीं।

समय यात्रा का एक प्रसिद्ध विरोधाभास दादा विरोधाभास है:

चित्र 51: दादा विरोधाभास

> कल्पना कीजिए कि आप समय में पीछे गए और अपने दादा को अपनी दादी से मिलने से रोक दिया।
>
> यदि वे कभी मिले ही नहीं, तो आपके माता या पिता का जन्म नहीं होगा, और आपका भी नहीं!
>
> लेकिन यदि आपका जन्म ही नहीं हुआ, तो फिर आप समय में पीछे कैसे गए?

यह उलझाने वाली स्थिति दिखाती है कि अतीत में यात्रा करना ऐसी समस्याएँ पैदा कर सकता है जिनका तार्किक अर्थ नहीं बनता।

वैज्ञानिकों ने विरोधाभासों से बचने के कुछ तरीके सुझाए हैं, जैसे समानांतर ब्रह्मांडों का विचार, जहाँ अतीत बदलने से एक नई समयरेखा बन जाती है, बजाय इसके कि वह उस समयरेखा को प्रभावित करे जिससे आप आए थे। लेकिन ये विचार अभी केवल सिद्धांत ही हैं।

दूरबीन से समय यात्रा

हालाँकि हम किसी टाइम मशीन में कूद नहीं सकते, वैज्ञानिकों के पास अतीत में देखने का एक वास्तविक तरीका है: दूरबीनों का उपयोग करना!

प्रकाश बहुत तेज़ यात्रा करता है, लगभग 186,000 मील प्रति सेकंड, लेकिन अंतरिक्ष इतना विशाल है कि प्रकाश को हम तक पहुँचने में फिर भी समय लगता है। उदाहरण के लिए:

> चंद्रमा से प्रकाश को पृथ्वी तक पहुँचने में लगभग 1.3 सेकंड लगते हैं।
>
> सूर्य से प्रकाश को लगभग 8 मिनट लगते हैं।
>
> सूर्य के अलावा सबसे निकटतम तारे से प्रकाश को लगभग 4 वर्ष लगते हैं।
>
> दूरस्थ आकाशगंगाओं से प्रकाश को हम तक पहुँचने में अरबों वर्ष लग सकते हैं!

जब आप दूरबीन से किसी बहुत दूर की आकाशगंगा को देखते हैं, तो आप उसे वैसा नहीं देख रहे होते जैसी वह अभी है। आप उसे वैसा देख रहे होते हैं

जैसी वह तब थी, जब उसका प्रकाश पहली बार उससे निकला था, अरबों वर्ष पहले।

इस तरह खगोलविद सचमुच समय में पीछे देख रहे होते हैं।

निष्कर्ष

समय यात्रा विज्ञान और कल्पना के सबसे रोमांचक विचारों में से एक है। वैज्ञानिकों ने ऐसे तरीके खोजे हैं जिनमें समय फैल सकता है और धीमा हो सकता है, और उन्होंने वर्महोल तथा कॉस्मिक स्ट्रिंग्स जैसे विचारों पर भी सोचा है।

फ़िल्में समय यात्रा को जीवंत बना देती हैं, उसके आश्चर्यों और ख़तरों दोनों को दिखाते हुए, जिनमें वे अजीब विरोधाभास भी शामिल हैं जो अतीत को बदलने पर हो सकते हैं।

और आज भी, जब हम तारों को देखते हैं, तो हम ब्रह्मांड के इतिहास में बहुत गहराई तक देख रहे होते हैं। यह इस बात का प्रमाण है कि एक तरह से समय यात्रा पहले से ही वास्तविक है।

समय यात्रा के रहस्य वैज्ञानिकों और सपने देखने वालों, दोनों को प्रेरित करते रहते हैं। कौन जानता है कि भविष्य की खोजें क्या लेकर आएँगी?

अध्याय 6 – समय के बारे में अजीब विचार

क्या भविष्य पहले से मौजूद है?

जब आप भविष्य के बारे में सोचते हैं, तो शायद आप किसी ऐसी चीज़ की कल्पना करते हैं जो अभी हुई नहीं है, जैसे अगला सप्ताहांत, आपका अगला जन्मदिन, या बड़े होकर आप क्या बनेंगे। लेकिन कुछ वैज्ञानिक मानते हैं कि भविष्य शायद पहले से ही वहाँ मौजूद हो, प्रतीक्षा करता हुआ, ठीक अतीत की तरह।

यह विचार एक अजीब सोच से आता है, जिसे 'ब्लॉक यूनिवर्स' कहा जाता है। इस दृष्टिकोण में, समय एक विशाल जमे हुए दृश्य जैसा है। अतीत, वर्तमान और भविष्य सब एक साथ मौजूद हैं, जैसे किसी पुस्तक के पृष्ठ। आप एक समय में एक पृष्ठ पढ़ते हैं, लेकिन सभी पृष्ठ पहले से मौजूद होते हैं, यहाँ तक कि अंत भी।

समय की इस जमी हुई दुनिया में, जिसे हम 'अब' कहते हैं, वह बस वही हिस्सा है जिससे हमारा मन गुजर रहा है। आप यहाँ इस पृष्ठ पर हैं, ये शब्द पढ़ते हुए, लेकिन आपके अगले विचार, अगली हँसी, या अगले सपने वाला पृष्ठ शायद पहले से लिखा हो।

यह एक रहस्यमय विचार है। यदि भविष्य पहले से मौजूद है, तो क्या इसका अर्थ है कि सब कुछ पहले से तय है? या हम फिर भी चलते-चलते चुनाव करते

हैं? यह ऐसा प्रश्न है जिसका पूरा उत्तर कोई नहीं दे सकता। लेकिन यह हमें याद दिलाता है कि समय टिक-टिक करती घड़ी से कहीं अधिक रहस्यमय हो सकता है, और भविष्य शायद हमारी सोच से अधिक पास हो।

स्पेसटाइम में जीना

हम स्पेसटाइम के जीव हैं, उसके बहते हुए ताने-बाने से बँधे हुए, जैसे किसी अदृश्य धारा में फँसे नर्तक। हमारा हर कदम केवल अंतरिक्ष में एक गति नहीं है, बल्कि समय में एक टिक आगे बढ़ना भी है। हम रसोई की मेज़ पर नाश्ता करते हैं, एक स्थान, सुबह 7:30 बजे, एक क्षण। दुनिया इसी तरह समझ में आती है। पेड़ बढ़ते हैं, तारे जलते हैं, लोग बूढ़े होते हैं, केवल कहीं नहीं, बल्कि किसी समय में भी। अंतरिक्ष और समय एक गलीचे के धागों की तरह आपस में उलझे हैं, एक के बिना दूसरा अर्थहीन।

लेकिन क्या हो अगर हम उन धागों को अलग खींच सकें?

घटित होने के लिए अंतरिक्ष के बिना समय क्या होगा? समय में चलने के बिना अंतरिक्ष क्या होगा? और, सबसे रहस्यमय बात, क्या हो अगर दोनों ही न हों? आगे अजीब प्रश्न और उससे भी अजीब संभावनाएँ हैं। स्पेसटाइम तो बस शुरुआत है।

क्या हो अगर हम समय के बिना अंतरिक्ष में रहते?

एक ऐसी जगह की कल्पना कीजिए जहाँ कभी कुछ नहीं बदलता। आप अंतरिक्ष में तैर रहे हैं, अंतहीन, शांत, स्थिर। आपके चारों ओर तारे, ग्रह और धूमकेतु हैं, लेकिन वे मूर्तियों की तरह जमे हुए हैं। पंख फड़फड़ाती चिड़िया? असंभव। खिलता हुआ फूल? कभी नहीं। इस दुनिया में अंतरिक्ष है, लेकिन समय नहीं।

समय के बिना कुछ भी नहीं चलता। आप चल नहीं सकते, पलक नहीं झपका सकते, यहाँ तक कि सोच भी नहीं सकते, क्योंकि ये सभी चीज़ें समय में होती हैं। आपके विचार भी अपनी जगह जम जाएँगे, शुरुआत में ही अटके हुए। यदि आप ज़मीन से एक कंकड़ उठाना चाहें, तो आप नहीं उठा पाएँगे, आपका हाथ पहुँचने की क्रिया कभी पूरी ही नहीं करेगा। सच तो यह है कि आप पहुँचना शुरू भी नहीं करेंगे।

यह एक अजीब विचार है, है ना? आकारों, रंगों और दूरियों से भरी जगह, लेकिन कोई गति नहीं, कोई कहानी नहीं, कोई 'पहले' या 'बाद' नहीं। समय के बिना अंतरिक्ष ऐसी पुस्तक जैसा है जिसके सारे पृष्ठ आपस में चिपके हों: कहानी मौजूद है, लेकिन उसे कभी पढ़ा नहीं जा सकता।

फिर भी, कुछ वैज्ञानिक सोचते हैं कि शायद सब कुछ शुरू होने के बिल्कुल आरंभ में ब्रह्मांड ऐसा ही था: समय के शुरू होने की प्रतीक्षा करता हुआ अंतरिक्ष।

या शायद, सारी गतियाँ, सारी घटनाएँ एक महान वर्तमान में मौजूद हैं। अंतरिक्ष के किसी भी स्थान पर, उस स्थान का पूरा इतिहास और उस स्थान का पूरा भविष्य हर समय घटित हो रहा है। क्या हम अलग-अलग घटनाओं को देख सकते, भले ही उस स्थान पर सारी घटनाएँ आपस में मिली हुई हों?

समय के बिना अंतरिक्ष के बारे में एक और विचार। यदि हम समय के बिना अंतरिक्ष में रहते और स्पेसटाइम का अवलोकन कर पाते, तो क्या हम स्पेसटाइम में घटनाओं के पूरे प्रवाह को एक साथ देख सकते? जो किसी स्पेसटाइम में रहने वाले व्यक्ति के लिए अतीत, अब और भविष्य है, वह कैसा दिखता?

क्या हो अगर हम अंतरिक्ष के बिना समय में रहते?

शायद विचार फिर भी हो सकते हैं। आप कुछ याद कर सकते हैं, फिर उसे भूल सकते हैं। आप आनंद महसूस कर सकते हैं, फिर ऊब। कोई धुन आपके मन में खुल सकती है, सुर दर सुर। लेकिन बिना पियानो, बिना हवा, बिना ध्वनि। आप कुछ नहीं देखेंगे, क्योंकि देखने के लिए अंतरिक्ष चाहिए। लेकिन शायद... आप चीज़ों का अनुभव करेंगे। शांत चीज़ें। स्वप्न जैसी चीज़ें।

अंतरिक्ष के बिना समय उस गीत जैसा है जिसके पास कोई वाद्ययंत्र नहीं, उस कहानी जैसा है जो बिना मंच के फुसफुसाई गई हो। सब कुछ बदलता है, लेकिन कुछ भी चलता नहीं।

क्या ऐसा कुछ सचमुच मौजूद हो सकता है? कुछ वैज्ञानिक सोचते हैं कि ब्लैक होल के बहुत भीतर अंतरिक्ष सिकुड़कर मुड़ जाता है और गायब हो जाता है। लेकिन समय, किसी रहस्यमय तरीके से, शायद चलता रहता है।

क्या हो अगर हम न अंतरिक्ष में रहते, न समय में?

अब एक अंतिम छलाँग लगाइए: कल्पना कीजिए कि न अंतरिक्ष है और न समय। कोई यहाँ नहीं। कोई अब नहीं। कोई पहले नहीं। कोई बाद नहीं। कुछ भी बड़ा या छोटा, पास या दूर नहीं। कुछ भी जल्दी या देर नहीं। खड़े होने की कोई जगह नहीं, और खड़े होने का कोई क्षण नहीं।

इसकी कल्पना करना कठिन है, शायद असंभव भी। क्योंकि हम जो कुछ जानते हैं, उसे अंतरिक्ष या समय चाहिए। हमारे शरीर को चलने के लिए अंतरिक्ष चाहिए। हमारे विचारों को बनने के लिए समय चाहिए। अंतरिक्ष और समय के बिना कोई घड़ियाँ नहीं, कोई पदचाप नहीं, कोई तारे नहीं, कोई कहानियाँ नहीं।

यह अँधेरा नहीं है। यह शांत नहीं है। यह कुछ भी नहीं है। क्योंकि 'अँधेरा' और 'शांत' के लिए भी अंतरिक्ष चाहिए। यहाँ तक कि 'कुछ नहीं' शब्द भी किसी चीज़ जैसा लगता है, लेकिन यह उससे भी कम है।

कुछ वैज्ञानिक मानते हैं कि ब्रह्मांड की शुरुआत ऐसी ही हुई थी। अँधेरे में कोई चिंगारी नहीं, बल्कि इतनी गहरी निस्तब्धता कि उसमें शुरू होने के लिए समय नहीं था, और गूँजने के लिए अंतरिक्ष नहीं था। और फिर, किसी तरह, इस रिक्तता से अंतरिक्ष और समय जन्मे।

और उनके साथ, आप भी।

पृष्ठ *61* पर दी गई बिना अंतरिक्ष, बिना समय गतिविधि आज़माएँ।

सीखने की गतिविधियाँ

विचार प्रयोग

जुड़वाँ समय गतिविधि

परिस्थिति

मान लीजिए ज़ारा और एलेक्स नाम के जुड़वाँ बच्चे हैं। वे बिल्कुल एक ही उम्र के हैं और पृथ्वी पर रहते हैं। एक दिन, एलेक्स एक बहुत तेज़ अंतरिक्षयान में चढ़ता है और प्रकाश की गति के लगभग बराबर गति से अंतरिक्ष में निकल जाता है। ज़ारा पृथ्वी पर ही रहती है, सामान्य काम करती हुई, जैसे कुत्ते को घुमाना, दाँत साफ़ करना और स्कूल जाना।

चित्र 52: जुड़वाँ विरोधाभास

अब यहाँ बात अजीब हो जाती है: ज़ारा के दृष्टिकोण से एलेक्स की यात्रा में 18 वर्ष लगते हैं। लेकिन जब एलेक्स लौटता है, तो उसकी उम्र केवल 1 वर्ष बढ़ी होती है।

अभी क्या हुआ?

इसे जुड़वाँ समय कहा जाता है, और यह कोई गलती नहीं है। यह भौतिकी में सचमुच होने वाली चीज़ है, जो अल्बर्ट आइंस्टाइन के विशेष सापेक्षता सिद्धांत पर आधारित है।

सिद्धांत यह कहता है: "आप अंतरिक्ष में जितनी तेज़ी से चलते हैं, समय में उतनी ही धीमी गति से चलते हैं।"

इसलिए, क्योंकि एलेक्स बहुत तेज़ गति से चल रहा था, उसके लिए समय धीमा हो गया। उसे सब सामान्य महसूस हुआ, उसने खाना खाया, पलक

झपकाई, सोया, लेकिन उसकी घड़ी पृथ्वी पर ज़ारा की घड़ी की तुलना में अधिक धीमी टिक रही थी।

जब वे फिर मिलते हैं, ज़ारा 30 वर्ष की होती है। एलेक्स केवल 13 वर्ष का होता है। अब वे एक ही उम्र के नहीं हैं!

आपका मिशनः कल्पना कीजिए कि आप जुड़वाँ में से एक हैं

अपनी भूमिका चुनें:

विकल्प A: आप एलेक्स हैं

अंतरिक्ष में तेज़ी से दौड़ते हुए कैसा महसूस होता है? तारे कैसे दिखाई देंगे? अंतरिक्षयान में रहते हुए आपका जीवन कैसा होगा?

क्या आपको पता है कि आपके लिए समय धीमा हो रहा है?

जब आप वापस आते हैं और देखते हैं कि ज़ारा की उम्र आपसे अधिक बढ़ गई है, तो आपको कैसा महसूस होता है?

विकल्प B: आप ज़ारा हैं

एलेक्स के दूर रहने पर आप क्या सोचते हैं?

अपने जुड़वाँ को वापस आते देखना कैसा लगता है, जब वह आपसे छोटा दिखता है और आपकी उम्र बढ़ चुकी होती है?

क्या यह न्यायपूर्ण लगता है

अपना अनुभव चित्रित करें या लिखें

- हर जुड़वाँ के दृष्टिकोण से एक डायरी प्रविष्टि बनाएँ।
- दो घड़ियाँ बनाइए: एक पृथ्वी पर और एक अंतरिक्षयान में। दिखाइए कि वे अलग-अलग तरह से कैसे टिकती हैं।
- उनके फिर मिलने के क्षण पर एक छोटी कॉमिक या कहानी लिखिए।

सोचने के लिए प्रश्न

क्या समय 'न्यायपूर्ण' है?

यदि आप एलेक्स जैसी यात्रा कर सकते, तो क्या आप करते? क्यों या क्यों नहीं?

क्या आपको लगता है कि भविष्य में समय यात्रा संभव है?

आपने क्या सीखा

- समय सबके लिए एक जैसा नहीं होता। यह इस पर निर्भर करता है कि आप कितनी तेज़ी से चल रहे हैं।
- ब्रह्मांड में कोई एक 'मुख्य' घड़ी नहीं है।

- भले ही यह विज्ञान-कथा जैसा लगता है, इसे हवाई जहाज़ों में अत्यंत सटीक परमाणु घड़ियों का उपयोग करके परखा जा चुका है!

तो, अगली बार जब कोई कहे "समय उड़ता है," तो आप कह सकते हैं: "असल में, यह आपकी गति और गुरुत्वाकर्षण के आधार पर फैलता और मुड़ता है!"

खंड समय गतिविधि

कुछ वैज्ञानिक मानते हैं कि समय सचमुच बहता नहीं है। इसके बजाय, सभी क्षण, अतीत, वर्तमान और भविष्य, पहले से ही मौजूद हैं, जैसे किसी फोटो एल्बम में तस्वीरें। हमें लगता है कि समय चल रहा है, लेकिन वास्तव में हम बस एक-एक क्षण का अनुभव कर रहे होते हैं।

इसे ब्लॉक टाइम कहा जाता है: यह विचार कि पूरा ब्रह्मांड एक जमे हुए ब्लॉक जैसा है, जहाँ हर घटना की अपनी जगह है।

चित्र 53: उसके जीवन की फ्लिपबुक

आपका मिशन: जमे हुए ब्रह्मांड में जीवन की कल्पना करें

आइए अपना विचार प्रयोग शुरू करें।

चरण 1: अपने जीवन की एक फ्लिपबुक की कल्पना करें।

अपने जीवन को एक फ्लिपबुक की तरह सोचिए, उन छोटी कार्टून पुस्तकों जैसी, जिनमें पन्ने तेज़ी से पलटने पर चित्र जीवित जैसे लगने लगते हैं। हर पन्ना एक क्षण है: दाँत साफ़ करना, साइकिल चलाना, जन्मदिन की मोमबत्तियाँ बुझाना। अपने दिन के 5 'पन्ने' लिखिए या बनाइए, जैसे समय में जमे हुए छोटे-छोटे चित्र।

चरण 2: अब... पुस्तक पलटना बंद कीजिए।

कल्पना कीजिए कि आप पुस्तक को स्थिर पकड़े हुए हैं। सारे क्षण वहाँ हैं, सुबह, दोपहर और रात, लेकिन आप पन्ने नहीं पलट रहे। वे गायब नहीं होते। वे बस साथ-साथ मौजूद रहते हैं।

इसके बारे में सोचिए: यदि सभी क्षण पहले से मौजूद हैं, तो... 'अब' को 'अब' जैसा क्या महसूस कराता है?

क्या आप समय में यात्रा कर रहे हैं, या बस एक समय में एक टुकड़े का अनुभव कर रहे हैं?

चरण 3: क्षणों के गलियारे में चलिए।

अपनी आँखें बंद कीजिए और कल्पना कीजिए कि आप एक गलियारे से गुजर रहे हैं। दीवारों पर चमकती खिड़कियाँ लगी हैं। हर खिड़की आपके जीवन का एक क्षण दिखाती है, कुछ अतीत के, कुछ भविष्य के।

आप एक खिड़की पर रुकते हैं: आपका पिछला जन्मदिन। आप आगे चलते हैं और देखते हैं: हाई स्कूल का आपका पहला दिन। सारी खिड़कियाँ पहले से वहाँ हैं, बस आपने उनमें से कुछ में अभी झाँका नहीं है।

चरण 4: बड़े सवाल पूछिए।

यदि भविष्य पहले से मौजूद है, तो क्या हम फिर भी चुनाव कर सकते हैं? क्या हम अपने जीवन की कहानी खोज रहे हैं, या उसे मंच पर कलाकारों की तरह निभा रहे हैं? यदि कोई क्षण कभी 'चला नहीं जाता,' तो क्या वह सचमुच अतीत में है?

अपने विचार लिखिए। कोई गलत उत्तर नहीं हैं। यह समय के माध्यम से आपकी अपनी यात्रा है!

बिना अंतरिक्ष, बिना समय गतिविधि

सिर्फ़ कोई वस्तु नहीं। सिर्फ़ कोई लोग नहीं। बल्कि बिल्कुल भी अंतरिक्ष नहीं और बिल्कुल भी समय नहीं? यह शायद सभी विचार प्रयोगों में सबसे कठिन हो सकता है, क्योंकि आपका मस्तिष्क अंतरिक्ष, यानी चीज़ें कहाँ हैं, और समय, यानी चीज़ें कब होती हैं, को समझने के लिए बना है। लेकिन अब हम एक ऐसे ब्रह्मांड की कल्पना करने जा रहे हैं जहाँ इनमें से कोई भी नहीं है।

तैयार हैं? आइए कल्पना से भी आगे चलते हैं।

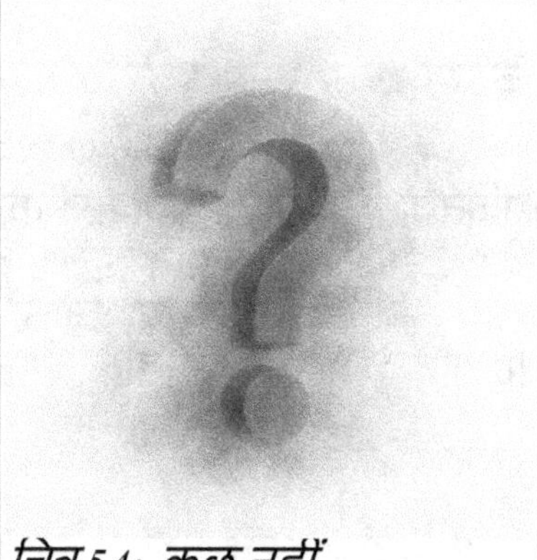

चित्र 54: कुछ नहीं

चरण 1: अपनी आँखें बंद करें।

एक शांत जगह खोजिए। अपनी आँखें बंद कीजिए। गहरी साँस लीजिए। अब कल्पना कीजिए... कोई आकाश नहीं। कोई ज़मीन नहीं। कोई बायाँ, दायाँ, ऊपर या नीचे नहीं। कोई 'पहले' नहीं। कोई 'बाद' नहीं। बस... स्थिरता। लेकिन यह शांत कमरे वाली स्थिरता नहीं है। यह उससे भी गहरी है। यहाँ कोई कमरा ही नहीं है।

चरण 2: 'कुछ नहीं' की कल्पना करने की कोशिश करें।

यह कठिन है, क्योंकि आपका मस्तिष्क इसे कोई आकार देना चाहेगा। शायद कोई काली जगह या खाली धुंध। लेकिन काला एक रंग है, और धुंध जगह घेरती है। कोशिश कीजिए कि उसकी भी कल्पना न करें।

अपने आप से पूछिए: 'कुछ नहीं' कैसा दिखता है? उत्तर: वह दिखता ही नहीं। क्या कोई चीज़ समय के बिना, जिसमें बदल सके, या अंतरिक्ष के बिना, जिसमें रह सके, मौजूद हो सकती है? क्या आप इस बिना-अंतरिक्ष, बिना-समय वाली जगह में मौजूद हो सकते हैं?

चरण 3: एक विचार के प्रकट होने की कल्पना करें।

अब मान लीजिए कि एक नन्हा विचार प्रकट होता है। बस जागरूकता का एक बिंदु। शायद वह आप हैं, शायद नहीं। वह चलता नहीं, क्योंकि चलने के लिए कोई जगह नहीं है। वह बदलता नहीं, क्योंकि बदलने के लिए कोई समय नहीं है। वह बस है।

इसके बारे में सोचिए। क्या यह बिंदु वास्तविक है, यदि वह बदल नहीं सकता या कुछ कर नहीं सकता? क्या वह हमेशा के लिए फँसा हुआ है? या वह 'हमेशा' से भी बाहर है?

चरण 4: अपना अनुभव लिखें या बनाइए।

भले ही वहाँ न अंतरिक्ष था, न समय, आपने अभी उसकी कल्पना की। कुछ पंक्तियाँ लिखने की कोशिश कीजिए कि वह कैसा महसूस हुआ। क्या वह शांत था? डरावना? उलझाने वाला? क्या आपने पाया कि उसे समझाने के लिए आप स्वयं अंतरिक्ष या समय बना रहे थे? बिना अंतरिक्ष या समय वाली दुनिया को दिखाने के लिए एक प्रतीक बनाइए। वह प्रतीक कैसा दिखेगा?

अंत में बड़े प्रश्न।

क्या कुछ, कुछ नहीं से आ सकता है? यदि हमारा ब्रह्मांड बिना अंतरिक्ष और बिना समय से शुरू हुआ... तो अंतरिक्ष और समय को शुरू किसने किया? क्या 'कुछ नहीं' सचमुच कुछ नहीं है, यदि हम उसकी कल्पना कर सकते हैं?

आपने क्या सीखा।

अंतरिक्ष और समय हमारे लिए इतने सामान्य हैं कि उनके बिना जीवन की कल्पना करना लगभग असंभव है। लेकिन कुछ वैज्ञानिक मानते हैं कि ब्रह्मांड इसी तरह के 'कुछ नहीं' से शुरू हुआ, और फिर अंतरिक्ष और समय प्रकट हुए। असंभव की कल्पना करना भी हमें वास्तविकता को और गहराई से समझने में मदद करता है।

पीछे की ओर समय गतिविधि

क्या हो अगर समय आगे न बढ़ता?

क्या हो अगर सुबह उठने, दाँत साफ़ करने और स्कूल जाने के बजाय आप अपने दाँतों को उल्टा साफ़ करते, सूर्योदय के समय बिस्तर में चले जाते, और हर दिन छोटे होते जाते?

यह उल्टे समय के बारे में एक विचार प्रयोग है। यह ऐसी दुनिया की कल्पना करने के बारे में है जहाँ सब कुछ पीछे की ओर होता है। आइए उलटी दिशा में एक यात्रा करें।

चरण 1: अपने दिन को रिवाइंड करें।

अपनी आँखें बंद कीजिए। इस क्षण से लेकर सुबह जागने तक अपने पूरे दिन के बारे में सोचिए। अब कल्पना कीजिए कि यह सब पीछे की ओर हो रहा है। आप नाश्ता करते हैं... और खाना आपके मुँह से उड़कर प्लेट पर वापस चला जाता है। आप पीछे की ओर चलते हुए स्कूल जाते हैं, उलटे वाक्यों में बात करते हुए। शिक्षक जो कुछ कहते हैं, आप उसे अन-लर्न करते हैं, और आपकी पेंसिल आपका होमवर्क अन-राइट करती है।

चित्र 55: पीछे की ओर चलता समय

एक कॉमिक स्ट्रिप बनाइए, जिसमें दिन भर में आपके द्वारा की जाने वाली 3 चीज़ें उलटी दिखाई गई हों! उदाहरण के लिए, दूध को वापस जग में उड़ेलना, या ज़मीन से उछलकर बिस्तर पर पहुँच जाना।

चरण 2: छोटे होते जाइए।

अब अपने पूरे जीवन की उलटी कल्पना कीजिए। बड़े होने के बजाय, आप छोटे होते जाते हैं। आपकी लंबाई घटती है, आपकी आवाज़ ऊँची होती जाती है, और एक दिन आप अपने पहले जन्मदिन के केक की मोमबत्तियों को उल्टा बुझाते हैं। आखिरकार, आप माँ के गर्भ में लौटते हैं, और फिर... जन्म लेने से पहले ही गायब हो जाते हैं।

अपने आप से पूछिए: यदि आप हर दिन छोटे होते जाएँ, तो क्या आप फिर भी 'आप' जैसा महसूस करेंगे? क्या आप आने वाले कल को वैसे ही याद करेंगे जैसे आप बीते हुए कल को याद करते हैं?

चरण 3: उलटी दुनिया आज़माएँ।

एक ऐसी दुनिया बनाइए जहाँ हर कोई पीछे की ओर जीता है। बारिश की बूँदें ऊपर बादलों में उड़ती हैं। लोग बूढ़े होकर शुरू करते हैं और छोटे होते जाते हैं। सूर्य पश्चिम में उगता है और पूर्व में अस्त होता है। इस उलटी दुनिया में एक दिन का वर्णन करते हुए एक अनुच्छेद लिखिए। जितना चाहें उतना रचनात्मक बनिए!

वैज्ञानिक क्या कहते हैं। अब आती है मज़ेदार बात! भौतिकी के नियम आगे और पीछे दोनों दिशाओं में एक जैसे काम करते हैं। किसी समीकरण को फ़र्क नहीं पड़ता कि समय किस दिशा में बह रहा है! तो फिर हमें समय आगे बढ़ता हुआ क्यों महसूस होता है?

एंट्रॉपी ब्रह्मांड की उस प्रवृत्ति के लिए एक खास शब्द है, जिसमें चीज़ें अधिक अस्त-व्यस्त होती जाती हैं। एंट्रॉपी के कारण अंडे टूटते हैं, बर्फ पिघलती है, रेत के किले गिरते हैं। उलटा नहीं। लेकिन यदि एंट्रॉपी उलट जाए... तो क्या हम पीछे की ओर जी सकते हैं?

चरण 4: जुड़वाँ ब्रह्मांडों की कल्पना करें

दो ब्रह्मांडों की कल्पना कीजिए, जिनमें से एक में समय दूसरे की तुलना में पीछे की ओर बहता है। क्या किसी भी ब्रह्मांड के लोग जान पाएँगे कि वे दूसरे ब्रह्मांड की तुलना में पीछे जा रहे हैं? लिखिए कि एक ब्रह्मांड दूसरे ब्रह्मांड के व्यक्ति को कैसा दिखाई दे सकता है।

सोचने के लिए प्रश्न

क्या आपके विचार भी पीछे की ओर चलेंगे? क्या पीछे की ओर जीने वाला व्यक्ति जान सकता है कि वह पीछे जा रहा है? यदि आपने एक गिलास तोड़ा और देखा कि वह अपने आप फिर से जुड़ गया, तो क्या यह इस दुनिया में अधिक जादुई होगा, या अधिक सामान्य?

आपने क्या सीखा

समय सिद्धांत रूप से पीछे की ओर चल सकता है। समय की दिशा का हमारा अनुभव शायद इस बात से जुड़ा है कि ऊर्जा कैसे फैलती है। पीछे की ओर सोचना हमें यह बेहतर समझने में मदद करता है कि हम आगे की ओर क्यों जीते हैं।

रुका हुआ समय गतिविधि

कल्पना कीजिए: आप अपने जूते के फीते बाँध रहे हैं, या अपने सैंडविच का एक कौर लेने वाले हैं, या अपने दोस्त के चुटकुले पर हँस रहे हैं, और अचानक... समय रुक जाता है। सिर्फ़ आपके लिए नहीं। हर चीज़ के लिए।

कोई घड़ी टिक-टिक नहीं करती। कोई हवा नहीं बहती। कोई पक्षी पंख नहीं फड़फड़ाता। कोई विचार आगे नहीं बढ़ता। यहाँ तक कि प्रकाश भी यात्रा नहीं कर सकता।

चित्र 56: रुका हुआ समय

यह कैसा होगा? क्या कुछ भी हो पाएगा?

आइए खोजते हैं।

चरण 1: दुनिया को जमा दीजिए

अपनी आँखें बंद कीजिए और अपने आसपास की दुनिया को पूरी तरह जमी हुई कल्पना कीजिए। हवा में अटका हुआ एक पत्ता। ज़मीन से बस ऊपर रुका हुआ किसी व्यक्ति का पैर। छींटे के बीच में ठहरी हुई पानी की एक बूँद।

अब अपने आप से पूछिए, "क्या आप हिल सकते हैं?" यदि आप हिल सकते हैं, तो समय आपके लिए सचमुच नहीं रुका है। यदि आप नहीं हिल सकते, तो आपको यह भी पता नहीं चलेगा कि समय रुका था, क्योंकि आपका मस्तिष्क भी जम गया होगा!

समय में जमे हुए किसी एक क्षण को लिखिए या बनाइए। उस पल में कौन-कौन से विवरण पकड़े रह जाएँगे?

चरण 2: जमे हुए समय में चलने की कल्पना करने की कोशिश करें

मान लीजिए कि समय रुका हुआ है और केवल आप चल सकते हैं। कुछ-कुछ सुपरहीरो फ़िल्म जैसा! आप घूमते हैं, जबकि बाकी सब कुछ जमे हुए है। आप कोई वस्तु उठाने की कोशिश करते हैं। लेकिन रुकिए! परमाणुओं को प्रतिक्रिया देने के लिए समय चाहिए। क्या वह वस्तु आपके स्पर्श पर प्रतिक्रिया भी दे पाएगी?

अपने आप से पूछिए:

- यदि हवा के अणु नहीं चल रहे, तो क्या आप साँस ले पाएँगे?
- यदि प्रकाश आपकी आँखों तक यात्रा नहीं कर रहा, तो क्या आप देख पाएँगे?
- यदि आपके मस्तिष्क को काम करने के लिए समय चाहिए, तो क्या आप सोच भी पाएँगे?
- क्योंकि स्पर्श में कोई वस्तु आपके स्पर्श के विरुद्ध धक्का देती है, तो क्या आप उसे महसूस भी कर पाएँगे? या आपका हाथ वस्तु के आर-पार चला जाएगा, क्योंकि वह प्रतिक्रिया नहीं दे सकती?

रहस्य खुल गया: यदि समय सचमुच रुक गया है, तो कुछ भी नहीं हो सकता, विचार भी नहीं।

चरण 3: समय फिर शुरू होता है

अब कल्पना कीजिए कि समय अचानक फिर से चलने लगता है।

पत्ता गिरना जारी रखता है।

आपके दोस्त की हँसी की आवाज़ बीच की खिलखिलाहट से फिर शुरू होती है।

आपका पैर, जो अभी भी चल रहा था, ज़मीन को छूता है।

क्या आपको वह ठहराव याद रहेगा?

यदि समय सचमुच हर चीज़ के लिए जम गया था, आपके लिए भी, और आपकी स्मृति भी रुक गई थी, तो आपको पता ही नहीं चलेगा कि ऐसा हुआ था। जब तक कि आप समय के बाहर न हों... जैसे कोई समय यात्री।

शब्दों में बताइए कि समय लौटने पर पहला सेकंड कैसा महसूस होगा।

रुका हुआ समय गतिविधि 2

अपने मूवी प्लेयर में कोई फ़िल्म लगाइए या अपनी पसंद की कोई फ़िल्म स्ट्रीम कीजिए। उसे शुरू कीजिए, एक्शन, कॉमेडी, रहस्य, जो भी आपको पसंद हो। लेकिन यहाँ एक मोड़ है: अचानक-अचानक किसी भी क्षण पर पॉज़ दबाइए।

अब ध्यान से देखिए। आपको क्या दिखाई देता है?

शायद किसी का मुँह वाक्य के बीच में पूरा खुला हो। शायद एक भौं आधी उठी हुई हो। कोई हाथ हवा में तैर रहा हो, जैसे भूल गया हो कि वह क्या कर रहा था। सब जमे हुए हैं, लेकिन मूर्तियों की तरह नहीं। ज़्यादा ऐसे, जैसे वे चौंकते हुए पकड़े गए हों!

अब मज़ेदार हिस्सा:

भले ही फ़िल्म नहीं चल रही, आपकी कल्पना अब भी चल रही है। क्या आप अनुमान लगा सकते हैं कि वे आगे क्या करने वाले थे? आगे क्या हो सकता है? अभी-अभी क्या हुआ था?

जब समय रुकता है, हमें जीवन के अजीब, मज़ेदार, या रहस्यमय छोटे-छोटे टुकड़ों में झाँकने का मौका मिलता है। यह ऐसा है जैसे हमने समय को अचानक चौंका दिया हो!

सोचने के लिए बड़े प्रश्न

क्या समय रुक सकता है बिना हर चीज़ के रुकने के? क्या 'पॉज़' सचमुच संभव है, या समय को हमेशा बहना ही पड़ता है? यदि आप समय को रोक सकें

और फिर भी चल सकें, तो वह जादू होगा या विज्ञान? अगर समय सचमुच रुकता है, तो क्या आपको पता भी चलेगा

और फिर भी...

क्या हो अगर समय नन्ही-नन्ही झपकियाँ लेता हो, और हम कभी ध्यान ही न दें?

हम स्पेसटाइम के अंदर रहते हैं, जैसे मछलियाँ पानी के अंदर। यदि समय रुक जाए, चाहे पलक झपकने जितनी देर के लिए ही सही, तो सब कुछ उसके साथ रुक जाएगा। आपकी साँस? जमी हुई। हवा? स्थिर। लेकिन आपको परवाह नहीं होगी, क्योंकि आप भी रुके होंगे। कोई विचार नहीं, कोई टिक-टिक नहीं, कोई गति नहीं।

तो शायद, बस शायद, समय हर समय पॉज़ बटन दबाता हो।

लेकिन यदि सब कुछ साथ-साथ रुक जाए, तो ध्यान देने के लिए बचेगा कौन?

आपने क्या सीखा

समय केवल वह चीज़ नहीं है जिसे हम घड़ी पर देखते हैं, यह वास्तविकता का इंजन है। यदि समय सचमुच रुक जाए, तो प्रकाश, गति और विचार भी जम जाएँगे। समय को रोकना मज़ेदार लग सकता है... लेकिन शायद यह कुछ समय के लिए गायब हो जाने जैसा ही हो।

विच्छिन्न समय गतिविधि

उद्देश्य:

विच्छिन्न समय को समझना, यह अभिनय करके कि घटनाएँ केवल अलग-अलग, स्पष्ट क्षणों में ही हो सकती हैं, जैसे घड़ी पर टिकते हुए सेकंड।

चित्र 57: विच्छिन्न समय

आपको क्या चाहिए:

- एक स्टॉपवॉच या टाइमर जो हर सेकंड बीप करे, या घड़ी वाला कोई मित्र

एक बड़ी खुली जगह, जैसे आँगन, जिम या बैठक कमरा

कागज़ और पेंसिल

मंच तैयार करें

समय को किसी चिकनी धारा की तरह नहीं, बल्कि एक रेखा पर बने बिंदुओं के समूह की तरह सोचिए। हर सेकंड एक नया 'टिक' है, एक ऐसा क्षण जब कुछ हो सकता है, लेकिन इनके बीच कुछ नहीं होता।

गतिविधि खेल:

जब टाइमर शुरू होता है, तो आप हर सेकंड थोड़ा-सा हिलेंगे। आप केवल सेकंड पर ही हिल सकते हैं। सेकंडों के बीच? मूर्ति की तरह जम जाइए।

एक-अक्षर वाक्य चुनौती:

जब आप हिल रहे हैं, तब आप एक वाक्य भी बना रहे हैं, लेकिन इसमें एक मोड़ है! आप हर सेकंड केवल एक अक्षर ज़ोर से बोल सकते हैं। एक वाक्य को 'बोलने' की कोशिश कीजिए, एक। अक्षर। एक। समय। पर। अक्षर को वैसे ही उच्चारित करें जैसे वह शब्द में सामान्य रूप से उच्चारित होता है।

उदाहरण के लिए:

पहला सेकंड: "मैं "
दूसरा सेकंड: ""
तीसरा सेकंड: "य"
चौथा सेकंड: "हाँ"
पाँचवाँ सेकंड: ""
छठा सेकंड: "हूँ"
→ "मैं यहाँ हूँ "

देखिए समय कैसे काम करता है:

ध्यान दीजिए कि आप अक्षरों को मिला नहीं सकते या छोटा रास्ता नहीं ले सकते। हर अक्षर अपने अलग क्षण में रहता है। यही विच्छिन्न समय है। बीच का कुछ नहीं। एक से दूसरे तक चिकनी तरह बहना नहीं। बस: टिक। टिक। टिक।

विचार प्रश्न:

यदि आप टिकों के बीच किसी अक्षर का एक हिस्सा बोल सकते, तो यह कैसे अलग होता? क्या वह तब भी विच्छिन्न समय होता?

लकड़ी घड़ी गतिविधि

गियरों के बिना घड़ी

चित्र 58: लकड़ी घड़ी

हाँ, यह सच है। लोगों के पास फ़ोन या कलाई घड़ियाँ होने से बहुत पहले, वे समय जानने के लिए आकाश की ओर देखते थे। और आप भी यह कर सकते हैं, केवल एक लकड़ी, थोड़ी धूप और थोड़े धैर्य के साथ।

इस उपकरण को छाया लकड़ी कहा जाता है, और यह आपको पृथ्वी के सूर्य के साथ नृत्य से सीधे समय पढ़ने देता है।

आपको क्या चाहिए

- एक सीधी लकड़ी, लगभग आपकी बाँह जितनी लंबी
- एक धूप वाली खुली जगह, घास, मिट्टी या रेत सबसे अच्छी रहती है
- छाया की स्थितियों को चिह्नित करने के लिए पत्थर या निशान लगाने वाली चीज़ें
- अवलोकन लिखने के लिए एक नोटबुक या कागज़
- वैकल्पिक: दिशाएँ खोजने के लिए एक कंपास

चरण 1: लकड़ी गाड़ें

सुबह शुरू करें, यदि संभव हो तो लगभग 9:00 बजे। एक सपाट, धूप वाली जगह चुनें, जहाँ लकड़ी की छाया रुकावट में न आए। लकड़ी को ज़मीन में इस तरह गाड़ें कि वह सीधी खड़ी रहे, जितना संभव हो उतनी ऊर्ध्वाधर। उसके चारों ओर हर दिशा में कम से कम एक मीटर चौड़ी जगह साफ़ कर दें। आपने अभी एक बहुत प्राचीन मशीन बना ली है: छिपी हुई धूपघड़ी।

चरण 2: छायाओं को चिह्नित करें

अब जादू शुरू होता है। दिन में अलग-अलग समय पर लकड़ी की छाया देखिए। छाया के सिरे पर एक छोटा पत्थर या निशान रखें। उस पर समय लिखें, समय जाँचने के लिए घड़ी का उपयोग करें। ऐसा हर घंटे करें, 10:00, 11:00, 12:00... दोपहर बाद तक।

आप कुछ अजीब देखना शुरू करेंगे: छाया एक वृत्त में चलती है। बेतरतीब ढंग से नहीं, बल्कि किसी उद्देश्य के साथ।

चरण 3: सूर्य की घड़ी पढ़ें

कई निशान लगाने के बाद, आप देखेंगे: सुबह और शाम को छाया सबसे लंबी होती है। दोपहर के आसपास, जब सूर्य सबसे ऊँचा होता है, वह सबसे छोटी हो जाती है। वह सबसे छोटी छाया उत्तरी गोलार्ध में उत्तर की ओर, और दक्षिणी गोलार्ध में दक्षिण की ओर इशारा करती है। पत्थरों का पैटर्न एक प्राकृतिक घड़ी का चेहरा बन जाता है, जहाँ हर छाया का सिरा एक घंटे को चिह्नित करता है।

सूर्य आकाश में चलता हुआ लगता है। लेकिन क्या वह सचमुच चल रहा है? या आप और पृथ्वी घूम रहे हैं?

चरण 4: समय बताने वाले बनें

अगले दिन अपनी लकड़ी के पास खड़े होकर कोशिश कीजिए। घड़ी या कलाई घड़ी देखे बिना, अनुमान लगाइए कि छाया आपके निशानों के बीच कहाँ पड़ रही है, और उसके आधार पर समय क्या है। फिर घड़ी देखकर जाँचिए। आप कितने पास थे? जल्द ही, आप केवल समय को देख नहीं रहे होंगे, आप उसे धूप और छाया में पढ़ रहे होंगे।

आपने क्या सीखा

सूर्य की स्थिति इसलिए बदलती है क्योंकि पृथ्वी घूम रही है। दिन भर छायाएँ एक अनुमानित चाप में चलती हैं। आप प्रकृति का उपयोग करके समय बता सकते हैं, ठीक वैसे ही जैसे प्राचीन खगोलविद कभी करते थे। समय केवल मशीनों के भीतर टिक-टिक नहीं करता। वह आकाश में लिखा है, और अब आप उसे पढ़ना जानते हैं।

धूपघड़ी गतिविधि

उद्देश्य:

एक काम करने वाली धूपघड़ी बनाइए, सूर्य की छाया का पता लगाइए, और खोजिए कि प्राचीन लोग घड़ियों या ऐप्स के बिना समय कैसे बताते थे!

आवश्यक सामग्री:

- एक सीधी लकड़ी या डॉवेल, लगभग 12 इंच लंबी
- एक कागज़ की प्लेट या गत्ते का टुकड़ा
- एक कंपास, या कंपास वाला फ़ोन
- एक घड़ी या फ़ोन, समय जाँचने के लिए

चित्र 59: कागज़ की प्लेट वाली धूपघड़ी

- धूप वाला दिन!
- मार्कर या पेन

चरण 1: अपनी घड़ी की सतह तैयार करें:

लकड़ी को कागज़ की प्लेट के बीच से आर-पार लगाइए, या उसे गत्ते के बीच में सीधा टेप से चिपकाइए। यही आपका ग्नोमन है, बोलिए: *नो-मोन*। यह धूपघड़ी के उस भाग के लिए एक विशेष शब्द है जो छाया बनाता है।

चरण 2: सही उत्तर खोजें:

अपने कंपास का उपयोग करके प्लेट को इस तरह घुमाइए कि लकड़ी ठीक उत्तर की ओर इशारा करे। यह महत्वपूर्ण है! अब छाया दिन भर सही तरह से पड़ेगी।

चरण 3: छाया को चिह्नित करें:

हर घंटे बाहर जाइए और अपनी धूपघड़ी को बिल्कुल उसी जगह और उसी स्थिति में रखिए। लकड़ी की छाया को मार्कर से रेखांकित कीजिए और छाया रेखा के पास वर्तमान समय लिखिए।.

चरण 4: पूरा दिन दोहराएँ:

सुबह से शाम तक हर घंटे छायाएँ चिह्नित करने की कोशिश कीजिए। आप यह मानचित्र बना रहे हैं कि पृथ्वी सूर्य के नीचे कैसे घूमती है!

ध्यान देने योग्य बातें:

- दिन के दौरान छाया की लंबाई कैसे बदलती है?
- छाया किस दिशा में चलती है?
- क्या वह कभी सबसे छोटी होती है? कब?

आप क्या सीख रहे हैं:

- दोपहर में अपनी धूपघड़ी आज़माइए। क्या छाया सीधे उत्तर या दक्षिण की ओर इशारा करती है?
- सर्दियों में एक धूपघड़ी बनाइए और गर्मियों में दूसरी। क्या छाया के रास्ते बदलते हैं?
- कल्पना कीजिए कि आप एक प्राचीन खगोलविद हैं। क्या आप इसका उपयोग कैलेंडर बनाने के लिए कर सकते थे?

आप क्या सीख रहे हैं:

- पृथ्वी का घूर्णन ऐसी छायाएँ बनाता है जो घड़ी की सुइयों की तरह चलती हैं।
- डिजिटल समय से पहले लोग घंटों, दिनों और ऋतुओं का पता लगाने के लिए छायाओं, तारों और सूर्य का उपयोग करते थे।

- आप प्राचीन तरीके से समय बताना सीख रहे हैं, आकाश को अपना मार्गदर्शक बनाकर।

रेतघड़ी गतिविधि

इस गतिविधि में आप घर में मिलने वाली सरल चीज़ों से एक काम करने वाली रेतघड़ी बनाएँगे। यह हाथों से करने वाला प्रोजेक्ट आपको यह समझने में मदद करेगा कि रेतघड़ियाँ समय कैसे मापती हैं। साथ ही आपको यह खोजने का मौका देगा कि रेत का बहाव, गुरुत्वाकर्षण, और बर्तन का आकार समय मापने को कैसे प्रभावित करते हैं।

चित्र 60: रेतघड़ी

आवश्यक सामग्री

- एक ही आकार की 2 छोटी पारदर्शी प्लास्टिक बोतलें, जैसे पानी की बोतलें
- कठोर गत्ते की 1 शीट या छेद वाला प्लास्टिक बोतल ढक्कन
- महीन रेत, जिसे खरीदा जा सकता है, या नमक या चीनी को सुखाकर और पीसकर बनाया जा सकता है। अच्छी तरह काम करने के लिए रेत सूखी होनी चाहिए।
- छेद बनाने के लिए एक कील या पुशपिन
- टेप या हॉट ग्लू गन, किसी वयस्क की देखरेख में
- सेकंड दिखाने वाली स्टॉपवॉच या घड़ी
- परिणाम लिखने के लिए कागज़ और पेंसिल
- वैकल्पिक: फ़नल, रेत डालने में मदद के लिए

चरण 1: बोतलें तैयार करें

दोनों बोतलों को पूरी तरह धोकर सुखा लें। उनके लेबल हटा दें, ताकि आप अंदर की रेत देख सकें। किसी वयस्क की मदद से, पुशपिन या कील का उपयोग करके एक बोतल के ढक्कन के बीच में छोटा छेद करें। यही वह गर्दन होगी जिससे रेत बहेगी। यदि गत्ते का उपयोग कर रहे हैं, तो बोतलों के बीच फिट होने के लिए एक छोटा वृत्त काटें और उसके बीच में छेद करें।

चरण 2: रेत डालें

एक बोतल को लगभग एक-तिहाई तक महीन, सूखी रेत से भरें। इस चरण को आसान और साफ़ बनाने के लिए आप फ़नल का उपयोग कर सकते हैं। सूखी रेत अधिक चिकनी तरह से बहती है। नमी रेत को गुच्छों में चिपका सकती है। ये गुच्छे छेद को बंद कर सकते हैं।

चरण 3: रेतघड़ी जोड़ें

छेद वाला ढक्कन या गत्ते की गोल डिस्क दोनों बोतलों के बीच रखें, गर्दन से गर्दन मिलाकर। बोतलों की गर्दनों को सावधानी से टेप या गोंद से जोड़ें, ताकि किनारों से रेत बाहर न निकले। पूरी संरचना को उल्टा करके बहाव की जाँच करें। यदि रेत बहुत तेज़ बहती है, तो छेद बहुत बड़ा हो सकता है। यदि रेत मुश्किल से बहती है, तो छेद बहुत छोटा या बंद हो सकता है।

चरण 4: अपनी रेतघड़ी को कैलिब्रेट करें

स्टॉपवॉच का उपयोग करके समय मापें कि सारी रेत ऊपर वाली बोतल से नीचे वाली बोतल में जाने में कितना समय लेती है। वह संख्या लिख लें। यही वह समय है जिसे आपकी रेतघड़ी मापती है। यदि आप एक मिनट की रेतघड़ी चाहते हैं, तो रेत की मात्रा तब तक समायोजित करें जब तक उसे बहने में ठीक 60 सेकंड न लगें।

देखें और सोचें

यदि आप अधिक रेत का उपयोग करें तो क्या होता है?

यदि आप रेतघड़ी को थोड़ा झुका दें तो क्या होता है?

आप लंबा टाइमर या छोटा टाइमर कैसे बना सकते हैं?

अपने अवलोकन लिखिए। आप अपनी रेतघड़ी को सजा भी सकते हैं और उस पर नाम लिख सकते हैं, शायद 'मेरा 3-मिनट टाइमर' या 'विज्ञान की रेत।'

सुरक्षा नोट्स

नुकीले औज़ार या हॉट ग्लू का उपयोग करते समय हमेशा किसी वयस्क की मदद लें।

हॉट ग्लू को कभी भी बिना देखरेख के न छोड़ें।

उपयोग के दौरान अपनी रेतघड़ी को स्थिर सतह पर रखें।

आपने क्या सीखा

रेतघड़ियाँ गुरुत्वाकर्षण और पदार्थ के स्थिर बहाव का उपयोग करके काम करती हैं।

वे भरोसेमंद होती हैं क्योंकि रेत लगभग स्थिर दर से बहती है।

अपनी रेतघड़ी बनाकर, आप मानव समय मापन की एक लंबी परंपरा का हिस्सा बन गए हैं, ऐसी परंपरा जो आपको इतिहास भर के प्राचीन आविष्कारकों और जिज्ञासु मनों से जोड़ती है।

मोमबत्ती घड़ी गतिविधि

बिजली वाली घड़ियों और डिजिटल कलाई घड़ियों से बहुत पहले, लोग सरल उपकरणों से समय बताया करते थे। इन उपकरणों में सबसे चतुर और सबसे शांत उपकरणों में से एक थी मोमबत्ती घड़ी। मोमबत्ती घड़ी समय मापने का एक तरीका है, जिसमें लौ को धीरे-धीरे मोम पिघलाते हुए देखा जाता है।

यह मार्गदर्शिका आपको सिखाएगी कि मोमबत्ती का उपयोग करके समय कैसे मापा जाए, ठीक वैसे ही जैसे विद्वान, भिक्षु और यात्री कभी करते थे, जब दुनिया आग की रोशनी से जगमगाती थी।

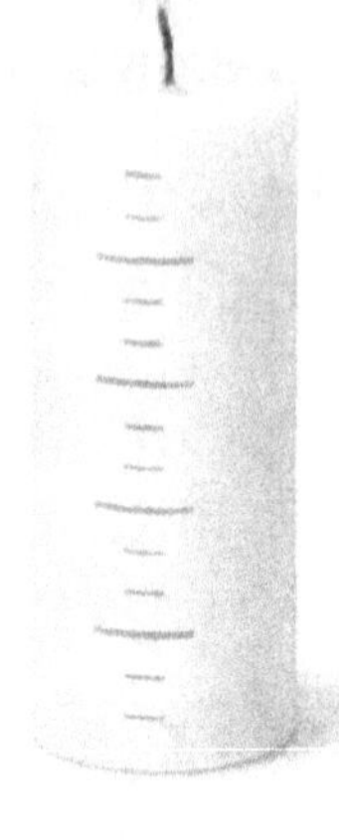

चित्र 61: मोमबत्ती घड़ी गतिविधि

आपको क्या चाहिए

- एक लंबी, सीधी मोमबत्ती, बेहतर होगा कि उसमें कोई सुगंध या सजावट न हो
- एक रूलर या मापने वाला फ़ीता
- एक टाइमर या स्टॉपवॉच, केवल पहली बार सेट करने के लिए
- एक नुकीली पेंसिल या मार्कर
- मोमबत्ती रखने के लिए एक सुरक्षित, सपाट सतह
- किसी बड़े व्यक्ति की मदद, यह बहुत ज़रूरी है! जलती हुई मोमबत्ती को कभी अकेला न छोड़ें! मोमबत्ती के ऊपर कभी झुकें नहीं!

चरण 1: मोमबत्ती मापें

मोमबत्ती जलाने से पहले, रूलर का उपयोग करके उसकी कुल ऊँचाई मापें। उसे बराबर भागों में बाँटें। उदाहरण के लिए, यदि आपकी मोमबत्ती 12 सेंटीमीटर लंबी है, तो हर 2 सेंटीमीटर पर निशान लगाएँ। पेंसिल या पेन से मोमबत्ती पर छोटी रेखाएँ बनाएँ।

हर रेखा के पास आप निशानों के नाम लिख सकते हैं: '10 मिनट,' '20 मिनट,' '30 मिनट,' आदि। लेकिन समय तब तक न लिखें जब तक आपको यह पता न चल जाए कि मोमबत्ती को जलने में कितना समय लगता है।

चरण 2: मोमबत्ती जलाएँ और अवलोकन करें

किसी वयस्क से मोमबत्ती जलाने में मदद माँगें। जैसे ही लौ दिखाई दे, अपना टाइमर शुरू करें। सावधानी से देखें कि लौ धीरे-धीरे आपके पहले निशान की ओर नीचे जलती है। जब मोम पहले निशान तक पहुँच जाए, तो लगे हुए समय को लिख लें। दूसरे निशान, तीसरे निशान, और आगे भी ऐसा ही करें। जल्द ही आपको पता चल जाएगा कि हर भाग को जलने में कितना समय लगता है।

उदाहरण के लिए, आप खोज सकते हैं कि हर 2 सेंटीमीटर भाग को जलने में 15 मिनट लगते हैं।

चरण 3: समय बताने के लिए अपनी मोमबत्ती का उपयोग करें

अब जब आप जान गए हैं कि आपकी मोमबत्ती कितनी तेज़ी से जलती है, तो आप इसे घड़ी की तरह उपयोग कर सकते हैं! यदि आपको एक घंटा मापना है, और हर भाग में 15 मिनट लगते हैं, तो 4 भाग चिह्नित करें और उन्हें जलते हुए देखें। जैसे-जैसे हर भाग पिघलेगा, आप मोम को देखकर जान जाएँगे कि कितना समय बीत चुका है।

कुछ प्राचीन मोमबत्ती घड़ियों में मोम के अंदर छोटे वज़न भी छिपे होते थे। जैसे-जैसे मोमबत्ती पिघलती, वज़न धातु की थाली में गिरते, टन, और व्यक्ति सुन सकता था कि समय की एक निश्चित मात्रा बीत चुकी है।

सुरक्षा याद दिलाने वाली बातें

- आग का उपयोग करते समय हमेशा कोई वयस्क मौजूद होना चाहिए।
- मोमबत्ती को किसी भी ज्वलनशील चीज़ से दूर रखें, जैसे किताबें, परदे या कपड़े।
- जलती हुई मोमबत्ती को कभी अकेला न छोड़ें, एक मिनट के लिए भी नहीं।
- काम पूरा होने पर, किसी वयस्क से उसे बुझाने में मदद लें।

आपने क्या सीखा

मोमबत्ती काफ़ी स्थिर दर से जलती है, इसलिए यह समय मापने के लिए उपयोगी होती है। आप समय को केवल स्क्रीन और बिजली से ही नहीं, बल्कि प्रकृति और परंपरा से आए उपकरणों से भी माप सकते हैं। समय हमेशा बीत रहा होता है, यहाँ तक कि जब अँधेरे में एक शांत लौ नृत्य कर रही हो।

अब आप समय मापने वालों की उस लंबी परंपरा में शामिल हो गए हैं, जो कभी मोमबत्ती की रोशनी में मिनट गिना करते थे।

जल घड़ी गतिविधि

बहुत समय पहले, जब लोगों के पास डिजिटल घड़ियाँ या कलाई घड़ियाँ नहीं थीं, वे समय का पता लगाने के लिए पानी की गति का उपयोग करते थे। इन उपकरणों को जल घड़ियाँ कहा जाता था, या उनके प्राचीन यूनानी नाम से, क्लेप्सिड्रा, जिसका अर्थ है ‘जल चोर।’

जल घड़ी न टिक-टिक करती है, न घंटी बजाती है। यह पानी की स्थिर, शांत टपकन के माध्यम से समय बताती है, जिसे सावधान अवलोकन और धैर्य से मापा जाता है। अब आप अपनी खुद की जल घड़ी बनाएँगे।

आपको जिन सामग्रियों की आवश्यकता होगी

- दो प्लास्टिक कप या बर्तन, एक ही आकार के हों तो सबसे अच्छा

- एक कील या पुशपिन, छोटा छेद बनाने के लिए
- टेप या गोंद
- एक मार्कर या पेन
- एक मापने वाला कप
- एक स्टॉपवॉच या टाइमर, अपनी घड़ी जाँचने के लिए
- पानी
- किसी बड़े व्यक्ति की मदद, छेद बनाने और पानी फैलने की स्थिति संभालने के लिए

चित्र 62: जल घड़ी गातोवोधे

चरण 1: घड़ी तैयार करें

एक कप लें और किसी वयस्क की मदद से उसके तल में पिन या कील से एक छोटा छेद करें। छेद बहुत छोटा होना चाहिए, ताकि पानी धीरे-धीरे टपके, बहे नहीं। छेद वाले कप को दूसरे कप के ऊपर टेप या गोंद से लगाएँ, जो टपकता पानी पकड़ेगा। आप ऊपर वाले कप को नीचे वाले कप के अंदर भी रख सकते हैं, बशर्ते वह सुरक्षित रूप से टिका रहे। अब ऊपर वाले कप में पानी डालें और अपनी स्टॉपवॉच शुरू करें।

चरण 2: पानी से समय मापें

जैसे ही पानी नीचे वाले कप में टपकना शुरू करे, अपने मार्कर से हर मिनट नीचे वाले कप पर पानी का स्तर चिह्नित करें। पानी कितनी देर तक रहता है, उसके अनुसार आप 5, 10 या अधिक निशान बना सकते हैं। जब ऊपर वाला कप पानी से खाली हो जाए, तो अपना टाइमर रोकें और लिखें कि कितना समय बीता। अब आपने अपनी जल घड़ी को कैलिब्रेट कर लिया है, उसे समय बताने की शक्ति दे दी है!

चरण 3: अपनी जल घड़ी का उपयोग करें

अब जब आपको पता है कि हर पानी के स्तर तक पहुँचने में कितना समय लगता है, तो आप ऊपर वाला कप फिर से भर सकते हैं। जैसे-जैसे नीचे वाले कप में पानी का स्तर बढ़े, आप उस स्तर को पढ़कर जान सकते हैं कि कितना समय बीत चुका है।

हर रेखा घड़ी के चेहरे पर लिखे अंकों जैसी समय सूचक बन जाती है। दस मिनट मापना चाहते हैं? पानी को उस स्तर तक पहुँचते देखिए जिसे आपने दसवें मिनट के लिए चिह्नित किया था। अंडा तीन मिनट तक उबालना चाहते हैं? टाइमर के बजाय पानी की तीसरी रेखा का उपयोग करें!

सुरक्षा और सफ़ाई

पानी फैलने की स्थिति में हमेशा अपनी जल घड़ी को ट्रे या तौलिये पर रखें। इलेक्ट्रॉनिक उपकरणों और किताबों को अपनी जल घड़ी से दूर रखें। काम पूरा होने पर बर्तनों को खाली करके सुखा लें, और अपने हाथ धोएँ।

आपने क्या सीखा

पानी काफ़ी स्थिर दर से बहता है, बिल्कुल घड़ी की टिक-टिक की तरह। उस बहाव को मापकर आप प्राकृतिक तरीके से समय का हिसाब रख सकते हैं। प्राचीन मिस्र, बेबीलोन, चीन और यूनान के लोग अपने जीवन और समारोहों का मार्गदर्शन करने के लिए जल घड़ियों का उपयोग करते थे। अब आप आकाश देखने वालों और पानी देखने वालों के लंबे इतिहास का हिस्सा हैं, उन लोगों का जिन्होंने अपने दिनों को डिजिटल बीपों से नहीं, बल्कि स्वयं संसार की शांत लय से आकार दिया।

अपनी समय अनुभूति की खोज करें

आप एक सरल प्रयोग आज़मा सकते हैं, जिससे आप देख सकें कि आपका मस्तिष्क अलग-अलग काम करते समय समय को अलग तरह से कैसे अनुभव करता है!

आवश्यक सामग्री:

- सेकंड वाली सुई की घड़ी, टाइमर, या स्टॉपवॉच
- नोटबुक और पेंसिल

चरण 1: शांत बैठना

एक शांत जगह खोजिए जहाँ आप बिना किसी बाधा के बैठ सकें।

अपनी स्टॉपवॉच शुरू करें या घड़ी की सेकंड वाली सुई पर नज़र डालें।

गिनती किए बिना और फिर से घड़ी देखे बिना, शांत और स्थिर बैठें और अनुमान लगाएँ कि एक मिनट कब पूरा हुआ।

जब आपको लगे कि एक मिनट हो गया है, तो टाइमर रोकें या घड़ी देखें।

लिखें कि आपका अनुमान वास्तविक समय के कितना पास था।

चरण 2: कुछ मज़ेदार करना

अब कोई ऐसी गतिविधि चुनें जो आपको पसंद हो, जैसे चित्र बनाना, कोई छोटा खेल खेलना, या अपना पसंदीदा गीत सुनना।

टाइमर फिर से शुरू करें और घड़ी देखे बिना वह गतिविधि करें।

जब आपको लगे कि एक मिनट बीत गया है, तो रुकें और जाँचें।

लिखें कि इस बार आपका अनुमान कितना पास था।

चरण 3: अपने परिणामों की तुलना करें

क्या एक मिनट का अनुमान लगाना तब आसान था जब आप ऊब रहे थे, या तब जब आप मज़े कर रहे थे?

आप जो कर रहे थे उसके आधार पर क्या समय लंबा या छोटा महसूस हुआ?

यह गतिविधि क्या सिखाती है

यह सरल प्रयोग दिखाता है कि आपका मस्तिष्क आपके ध्यान और भावनाओं के आधार पर समय को अलग-अलग तरह से मापता है।

जब आप ऊब रहे होते हैं, तो समय अक्सर धीमा लगता है, और आपको लग सकता है कि एक मिनट हमेशा के लिए चल रहा है।

जब आप व्यस्त होते हैं और मज़े कर रहे होते हैं, तो आपको लग सकता है कि एक मिनट वास्तव में जितनी तेज़ी से बीतता है, उससे भी अधिक तेज़ बीत गया!

भले ही घड़ी स्थिर गति से चलती है, आपकी समय अनुभूति फैल या सिकुड़ सकती है, ठीक जैसा वैज्ञानिकों ने प्रयोगों में खोजा है।

रचनात्मक गतिविधियाँ

समय को चित्रित करें

क्या करें:

पूछें: यदि आप समय को देख सकते, तो वह कैसा दिखता?

चित्र बनाएँ: एक नदी, एक सर्पिल, एक घड़ी, एक आकाशगंगा, या जो भी चीज़ आपको समय की याद दिलाए।

नई घड़ी का आविष्कार करें

क्या करें: प्राकृतिक लयों का उपयोग करके अपना खुद का समय मापने वाला उपकरण बनाएँ, जैसे पलक झपकना, टपकना, पानी का टपकना, या गिरती हुई रेत।

समय कैप्सूल

क्या करें: छोटी वस्तुएँ या नोट इकट्ठा करें और उन्हें एक डिब्बे में बंद कर दें, जिसे भविष्य की किसी तारीख पर खोला जाए।

नकली दिन

क्या करें: बिना घड़ी के एक कार्यक्रम का पालन करें। सूर्य, छायाओं, भूख आदि से दिन के समय का अनुमान लगाने की कोशिश करें।

समय का मापन

इकाई	संक्षेप	परिभाषा	उपयोग
मिलीसेकंड	ns	1 ns = 10^{-9} s 1 million ns = 1 s	नैनोसेकंड अक्सर उस समय अंतराल के लिए उपयोग किया जाता है जिसमें परमाणु घटनाओं को मापा जाता है।
मिलीसेकंड	ms	1 ms = 10^{-3} ds 1000 ms = 1 s	मिलीसेकंड का उपयोग बहुत कम अवधि की घटनाओं को मापने के लिए किया जाता है, जैसे कंप्यूटर में निर्देश चक्र।
सेकंड	s	1000 ms = 1 s 60 s = 1 min	सेकंड सभी मापों के लिए मानक मापन इकाई है।
मिनट	m, min	60 s = 1 min 60 min = 1 hour	मिनट अक्सर कम अवधि की व्यक्तिगत घटनाओं को मापने के लिए उपयोग किया जाता है, जैसे "मैं पाँच मिनट में पहुँच जाऊँगा।"
घंटा	h, hr	60 min = 1 hr 3600 s = 1 hr 24 hr = 1 day	घंटे की दो परिभाषाएँ हैं जो बिल्कुल समान नहीं हैं। 1 घंटा 3600 सेकंड के बराबर होता है और 24 घंटे एक दिन के बराबर होते हैं। हालाँकि, पृथ्वी के घूर्णन में हल्के बदलावों के कारण, एक दिन की लंबाई हमेशा समान नहीं होती। घंटे की कौन-सी परिभाषा उपयोग की जाती है, यह इस बात पर निर्भर करता है कि सेकंड या दिन में से किसे मापन की आधार इकाई माना गया है।

समय का मापन

इकाई	संक्षेप	परिभाषा	उपयोग
पौन घंटा	कोई नहीं	1 पौन घंटा = 15 मिनट 4 पौन घंटे = 1 घंटा	पौन घंटा आमतौर पर दिन के समय का अनुमान बताने के लिए उपयोग किया जाता है, जैसे "चार बजने में पंद्रह मिनट हैं," जिसका अर्थ है समय 4 से पंद्रह मिनट पहले है, या 3:45।
आधा घंटा	कोई नहीं	1 आधा घंटा = 30 मिनट 2 आधे घंटे = 1 घंटा	आधा घंटा आमतौर पर दिन के समय का अनुमान बताने के लिए उपयोग किया जाता है, जैसे "सात बजकर तीस मिनट हुए हैं," जिसका अर्थ है सात के बाद 30 मिनट, या 7:30।
दिन	कोई नहीं	1 दिन = 24 घंटे 7 दिन = 1 सप्ताह	1 दिन वह समय है जिसमें पृथ्वी अपनी धुरी पर एक बार घूमती है। क्योंकि पृथ्वी का घूर्णन थोड़ा बदलता रहता है, इसलिए यह सेकंडों में बिल्कुल सटीक समय नहीं है।
सप्ताह	कोई नहीं	1 सप्ताह = 7 दिन 4.3 सप्ताह ≈ 1 महीना 52 सप्ताह ≈ 1 वर्ष	सप्ताह सात दिनों का होता है। सप्ताह की शुरुआत यहूदी संस्कृति में हुई, जैसा कि बाइबल की उत्पत्ति पुस्तक में वर्णित है। अब सप्ताह को सार्वभौमिक रूप से सात दिनों का माना जाता है।
पखवाड़ा	कोई नहीं	2 सप्ताह = 1 पखवाड़ा	एक पखवाड़ा समय की एक पुरानी माप है, जो दो सप्ताह के बराबर होता है। अब इसका उपयोग बहुत कम किया जाता है।

समय का मापन

इकाई	संक्षेप	परिभाषा	उपयोग
महीना	कोई नहीं	1 महीना = 28, 29, 30 या 31 दिन 12 महीने = 1 वर्ष	महीने मनुष्यों द्वारा बनाई गई इकाइयाँ हैं, जिन्हें समय को एक दिन और एक वर्ष के बीच संभालने योग्य भागों में बाँटने के लिए बनाया गया है। वर्तमान में, अधिकांश लोग ग्रेगोरियन कैलेंडर का उपयोग करते हैं, जिसमें महीनों की लंबाई इस प्रकार है: जनवरी 31, फरवरी 28 या 29, मार्च 31, अप्रैल 30, मई 31, जून 30, जुलाई 31, अगस्त 31, सितंबर 30, अक्टूबर 31, नवंबर 30, और दिसंबर 31।
वर्ष	कोई नहीं	1 वर्ष ≈ 365 ¼ दिन 1 वर्ष = 12 महीने 10 वर्ष = 1 दशक 100 वर्ष = 1 शताब्दी	वर्ष वह समय है जिसमें पृथ्वी सूर्य के चारों ओर एक बार चक्कर लगाती है। क्योंकि दूसरे ग्रहों के गुरुत्वाकर्षण आकर्षण के कारण इसमें हल्का बदलाव हो सकता है, इसलिए 1 वर्ष को सेकंडों में बिल्कुल सटीक रूप से व्यक्त नहीं किया जा सकता। समन्वित सार्वभौमिक समय के हिस्से के रूप में, वैज्ञानिक वर्ष के अलग-अलग दिनों में सेकंड जोड़ते या घटाते हैं, ताकि घड़ियाँ पृथ्वी की वास्तविक कक्षा के साथ तालमेल में रहें।

समय का मापन

इकाई	संक्षेप	परिभाषा	उपयोग
दशक	कोई नहीं	10 वर्ष = 1 दशक 10 दशक = 1 शताब्दी	हालाँकि दशक किसी भी 10 वर्ष की अवधि को कह सकता है, यह शब्द अक्सर ऐसी 10 वर्ष की अवधि को बताने के लिए उपयोग किया जाता है जो उस वर्ष की 1 जनवरी से शुरू होती है जिसके अंक का अंत शून्य से होता है, जैसे 2010।
शताब्दी	कोई नहीं	100 वर्ष = 1 शताब्दी 10 शताब्दियाँ = 1 सहस्राब्दी	हालाँकि शताब्दी किसी भी 100 वर्ष की अवधि को कह सकती है, यह शब्द अक्सर ऐसी 100 वर्ष की अवधि को बताने के लिए उपयोग किया जाता है जो उस वर्ष की 1 जनवरी से शुरू होती है जिसके अंक का अंत दो शून्यों से होता है, जैसे 2000।
सहस्राब्दी	कोई नहीं	1000 वर्ष = 1 सहस्राब्दी 10 शताब्दियाँ = 1 सहस्राब्दी	हालाँकि सहस्राब्दी किसी भी 1000 वर्ष की अवधि को कह सकती है, यह शब्द अक्सर ऐसी 1000 वर्ष की अवधि को बताने के लिए उपयोग किया जाता है जो उस वर्ष की 1 जनवरी से शुरू होती है जिसके अंक का अंत तीन शून्यों से होता है, जैसे 2000।

समय के बारे में उद्धरण

- "समय पर लगाया गया एक टाँका नौ टाँकों को बचा देता है।" लोक कहावत, 18वीं सदी का इंग्लैंड।
- "जल्दी सोना, जल्दी उठना, मनुष्य को स्वस्थ, समृद्ध और बुद्धिमान बनाता है।" बेंजामिन फ्रैंकलिन, *Poor Richard's Almanac* (1748)।

- “समय धन है।” बेंजामिन फ्रैंकलिन।
- “समय सभी घाव भर देता है।” रोमन कवि टेरेंस, लगभग 180 BCE।
- “समय और ज्वार किसी मनुष्य की प्रतीक्षा नहीं करते।” लोक कहावत, 1225 AD या उससे पहले।
- “एक मिनट देर से आने से तीन घंटे पहले आना बेहतर है।” विलियम शेक्सपियर, *The Merry Wives of Windsor* (लगभग 1597)।
- “समय सबका सबसे बुद्धिमान सलाहकार है।” पेरिक्लीज़, प्राचीन यूनानी राजनेता (लगभग 495 से 429 BCE)।
- “बुरी खबर यह है कि समय उड़ता है। अच्छी खबर यह है कि पायलट आप हैं।” माइकल ऑल्टशुलर, अमेरिकी प्रेरक वक्ता।
- “लोग हमेशा कहते हैं कि समय चीज़ों को बदल देता है, लेकिन वास्तव में उन्हें आपको खुद बदलना पड़ता है।” एंडी वॉरहोल, *The Philosophy of Andy Warhol* (1975)।
- “खोया हुआ समय फिर कभी नहीं मिलता।” बेंजामिन फ्रैंकलिन, *Poor Richard's Almanack* (1748)।
- “समय हमारे ऊपर से उड़ जाता है, लेकिन अपनी छाया पीछे छोड़ जाता है।” नैथेनियल हॉथॉर्न।
- “हमें समय का रचनात्मक उपयोग करना चाहिए, इस समझ के साथ कि सही काम करने का समय हमेशा उचित होता है।” मार्टिन लूथर किंग जूनियर, *Letter from Birmingham Jail* (1963)।
- “समय, सभी चीज़ों को निगलने वाला।” ओविड, *Metamorphoses* (लगभग 8 AD)।
- “समय दो स्थानों के बीच की सबसे लंबी दूरी है।” टेनेसी विलियम्स, *The Glass Menagerie* (1944)।
- “जिस समय को व्यर्थ बिताने में आपको आनंद आता है, वह व्यर्थ समय नहीं है।” मार्थ ट्रॉली-कर्टिन, *Phrynette Married* (1912)।
- “दो सबसे शक्तिशाली योद्धा धैर्य और समय हैं।” लियो टॉल्स्टॉय, *War and Peace* (1869)।
- “समय वह चीज़ है जिसे हम सबसे अधिक चाहते हैं, लेकिन जिसका उपयोग हम सबसे खराब ढंग से करते हैं।” विलियम पेन, *Some Fruits of Solitude* (1682)।
- “समय सबसे मूल्यवान चीज़ है जिसे कोई मनुष्य खर्च कर सकता है।” थियोफ्रास्टस, यूनानी दार्शनिक (लगभग 371 से 287 BCE)।
- “समय एक भ्रम है।” अल्बर्ट आइंस्टाइन, सामान्य रूप से उनके नाम से जुड़ा हुआ।
- “समय सब कुछ ले जाता है, चाहे आप चाहें या न चाहें।” स्टीफन किंग।

- "भविष्य वह चीज़ है जहाँ हर व्यक्ति साठ मिनट प्रति घंटे की गति से पहुँचता है, चाहे वह कुछ भी करे, चाहे वह कोई भी हो।" सी. एस. लुईस, *The Screwtape Letters* (1942)।
- "समय वह विद्यालय है जिसमें हम सीखते हैं, समय वह आग है जिसमें हम जलते हैं।" डेलमोर श्वार्ट्ज, *Calmly We Walk Through This April's Day* (1938)।
- "आप जो कुछ भी न करना चाहते हैं, वह सब करने के लिए कभी पर्याप्त समय नहीं होता।" बिल वॉटर्सन, *Calvin and Hobbes*।

समय के बारे में पहेलियाँ

- सुबह चार पैरों पर चलता है, दोपहर में दो पैरों पर, और रात में तीन पैरों पर। वह क्या है?

  उत्तर: मनुष्य। स्फिंक्स की पहेली।

- हमेशा आगे, कभी पीछे नहीं।
हमेशा यहाँ, कभी कमी नहीं।
मुझे बुरे या अच्छे कामों में खर्च करो।
जब मैं चला जाता हूँ, तो हमेशा के लिए चला जाता हूँ।
मैं क्या हूँ?

  उत्तर: समय।

- यह वस्तु सब चीज़ों को निगल जाती है:
पक्षी, पशु, पेड़, फूल;
लोहे को कुतरती है, इस्पात को काटती है;
कठोर पत्थरों को पीसकर चूरा बना देती है;
राजा को मारती है, नगर को उजाड़ती है
और ऊँचे पर्वत को गिरा देती है।[1]

  उत्तर: समय।

- मैं आपसे एक बार पूछता हूँ, आप कहते हैं तीन बजे हैं,
मैं फिर पूछता हूँ, तो साढ़े तीन बजे हैं।
हर बार जब मैं पूछता हूँ, आप सच बताते हैं,
फिर भी समय बदल गया, यह कैसे हो सकता है?

  उत्तर: समय दिन भर बदलता रहता है।

- मैं कभी था नहीं, हमेशा आने वाला हूँ। किसी ने मुझे कभी नहीं देखा, न कभी देखेगा। फिर भी मैं उन सबका भरोसा हूँ, जो इस धरती पर जीते और साँस लेते हैं। मैं क्या हूँ?

  उत्तर: कल आने वाला दिन।

- मैं एक मिनट में एक बार आता हूँ, सौ वर्षों में कभी नहीं, एक सेकंड में कभी नहीं, एक घंटे में कभी नहीं, और एक मोमेंट में दो बार आता हूँ। मैं क्या हूँ?

  उत्तर: अक्षर M।

- मेरी कोई आवाज़ नहीं, फिर भी मैं तुमसे बात करता हूँ।
  मैं उन सब बातों के बारे में बताता हूँ जिन्हें मैंने देखा है।
  मेरा कोई मुँह नहीं, फिर भी मैं गाता हूँ।
  मैं क्या हूँ?

  उत्तर: समय।

- मैं आगे दौड़ता हूँ, कभी पीछे नहीं देखता,
  हमेशा चलता हूँ, कभी ढीला नहीं पड़ता।
  मैं क्या हूँ?

  उत्तर: समय।

- मैं लंबा भी हो सकता हूँ और छोटा भी;
  मुझे खरीदा जा सकता है, पर बेचा नहीं जा सकता;
  मुझे बरबाद भी किया जा सकता है और सँजोया भी जा सकता है।
  मैं क्या हूँ?

  उत्तर: समय।

- सृष्टि जितना पुराना, आह जितना क्षणभंगुर,
  क्षणों में मापा जाता हूँ, फिर भी कभी मरता नहीं।
  मैं क्या हूँ?

  उत्तर: समय।

समय के बारे में चुटकुले

- प्रश्न: जब हाथी आपकी घड़ी पर बैठ जाए, तो कितना समय हुआ है?
  उत्तर: नई घड़ी लेने का समय।
- प्रश्न: जब हाथी आपको माँ कहकर बुलाए, तो कितना समय हुआ है?
  उत्तर: मनोचिकित्सक से मिलने का समय।
- प्रश्न: जब हाथी आपकी गोद में बैठ जाए, तो कितनी देर हो चुकी है?
  उत्तर: बहुत देर हो चुकी है।
- प्रश्न: जब हाथी मर जाए, तो कितना समय हुआ है?
  उत्तर: नया हाथी लेने का समय।
- प्रश्न: घड़ी में चाबी भरने के लिए कितने हाथियों की ज़रूरत होती है?
  उत्तर: अरे भोले! हाथी घड़ियों में चाबी नहीं भर सकते, उनके पास विरोधी अंगूठे नहीं होते।

- प्रश्न: जब घड़ी 13 बजाए, तो कितना समय हुआ है?
  उत्तर: नई घड़ी लेने का समय!
- प्रश्न: एक सेकंड वाली सुई ने दूसरी से क्या कहा?
  उत्तर: चिंता मत करो, हम अंत में पूरा चक्कर लगा ही लेंगे।
- प्रश्न: कैलेंडर कभी थकते क्यों नहीं?
  उत्तर: क्योंकि वे हमेशा एक-एक दिन करके चलते हैं।
- प्रश्न: घड़ी इतनी शर्मीली क्यों थी?
  उत्तर: क्योंकि वह हमेशा अपने हाथों से अपना चेहरा ढके रहती थी!
- मैंने पुरानी घड़ियों से बेल्ट बनाने की कोशिश की।
  वह समय की कमर-बर्बादी थी।
- प्रश्न: जॉन हाथी का केवल आधा हिस्सा था, आगे वाला आधा। उसे अपने भाई-बहनों जेरेड, जैनी और जेहोशाफ़ाट के साथ चलने में बड़ी कठिनाई होती थी। फिर एक दिन, जब वे एक पहाड़ी की चोटी पर खेल रहे थे, बर्फ़ गिर गई। जेरी जानता था कि यह उसका बड़ा मौका है। उसने इंतज़ार किया जब तक उसके भाई पहाड़ी से नीचे उतरने लगे। फिर, जेरेड बर्फ़ पर फिसला और अपने भाइयों और बहन के आगे तेज़ी से निकल गया। कितना समय हुआ था?
  उत्तर: साढ़े तीन।
- एक हाथी ने किसी से पूछा कि कितना समय हुआ है, और उसे बताया गया कि 4:45 बजे हैं। हाथी ने उलझे हुए चेहरे से जवाब दिया, "जानते हो, यह सबसे अजीब बात है। मैं यह सवाल पूरे दिन पूछता रहा हूँ, और हर बार मुझे अलग जवाब मिलता है।"
- पहला रोमन सैनिक: कितना समय हुआ है?
  दूसरा रोमन सैनिक: VII के बाद XX।
- जिसके पास एक घड़ी होती है, उसे पता होता है कि कितना समय हुआ है। जिसके पास दो घड़ियाँ होती हैं, वह कभी निश्चित नहीं होता।
- एक आदमी एक मोहल्ले में टहल रहा था और अचानक उसे एक महत्वपूर्ण बैठक याद आई। दुर्भाग्य से, उसकी घड़ी बंद हो गई थी, और वह नहीं बता पा रहा था कि वह देर से है या नहीं। तभी उसने एक व्यक्ति को फूलों की क्यारी में खोदते हुए देखा।

  माली को पुकारते हुए आदमी ने कहा, "माफ़ कीजिए, क्या आप बता सकते हैं कि समय क्या हुआ है?"

  माली ने जवाब दिया, "एक क्षण!" और वह ज़मीन पर झुक गया, साथ ही एक छोटी लकड़ी निकालते हुए। उसने लकड़ी को ज़मीन में गाड़ा, फिर बढ़ई का लेवल निकालकर यह सुनिश्चित किया कि लकड़ी सीधी खड़ी है। कंपास से माली ने उत्तर दिशा ढूँढ़ी और स्टील के रूलर से लकड़ी की छाया की सटीक लंबाई मापी।

अपनी जेब से स्लाइड रूल निकालकर माली ने तेज़ी से गणना की, फिर जल्दी से अपने सारे औज़ार समेटे और राहगीर की ओर मुड़कर कहा, "अब ठीक 3:29 pm हुए हैं, बशर्ते आज 16 अगस्त हो, और मुझे विश्वास है कि आज वही है।"

आदमी इस प्रदर्शन से प्रभावित हुए बिना नहीं रह सका, और उसने अपनी घड़ी बताए गए समय पर सेट कर ली। जाने से पहले उसने माली से पूछा, "यह सचमुच काफ़ी अद्‌भुत था, लेकिन बताइए, बादल वाले दिन या रात में, जब लकड़ी की छाया नहीं पड़ती, तब आप क्या करते हैं?"

माली ने अपनी कलाई ऊपर उठाई और कहा, "शायद मैं बस अपनी घड़ी देख लेता।"

शब्दावली

अक्ष - किसी वस्तु से होकर गुजरने वाली काल्पनिक रेखा।
अंतत - भविष्य में किसी समय होना।
अंतरराष्ट्रीय परमाणु समय - एक समय पैमाना जो लगभग 400 अत्यंत सटीक परमाणु घड़ियों के संयुक्त परिणाम का उपयोग करता है।
अंतराल - समय की एक निश्चित मात्रा।
अंतरिक्ष - तीन-आयामी क्षेत्र जहाँ सब कुछ मौजूद है।
अतीत - वह सब कुछ जो पहले ही हो चुका है।
अनंत - जिसका कोई आरंभ या अंत नहीं।
अनिश्चित - पक्का नहीं।
अनुभूति - आपका मस्तिष्क जो देखता, सुनता या महसूस करता है उसे कैसे समझता है।
अनुमानित - जिसके बारे में आप अनुमान लगा सकते हैं कि क्या होने वाला है।
अमावस्या - चंद्रमा की वह कला जिसमें हमें दिखाई देने वाला भाग सूर्य से प्रकाशित नहीं होता।
अयनांत - वर्ष का सबसे लंबा या सबसे छोटा दिन।
अवलोकन - किसी चीज़ को ध्यान से देखने या नोटिस करने की क्रिया, या देखने की एक घटना।
अवलोकन करना - किसी चीज़ को ध्यान से देखना या नोटिस करना।
असतत - जिसमें टूटन या अंतराल हों।
अस्तित्व - वास्तविक या जीवित होने की अवस्था।
आकाशगंगा - एक सामान्य केंद्र के चारों ओर घूमते हुए तारे।
आयाम - एक दिशा। अंतरिक्ष के तीन आयाम होते हैं। समय एक और आयाम है।
इकाई - किसी चीज़ की एक मात्रा।
उत्तरी ध्रुव - पृथ्वी के अक्ष का सबसे ऊपरी बिंदु।
उपग्रह - ऐसी मशीन जो पृथ्वी या किसी दूसरे ग्रह की परिक्रमा करती है।

उलझाव - जब कण दूर होने पर भी जुड़े रहते हैं।
उलट सकने योग्य - जो पहले जैसी अवस्था में वापस जा सके।
उलटना - पीछे की ओर जाना।
ऊष्मा मृत्यु - ब्रह्मांड का एक संभावित अंत जिसमें तारे बुझ जाते हैं।
ऊष्मागतिकी - गति और ऊष्मा से संबंधित विज्ञान।
ऊष्मागतिकी का दूसरा नियम - हर चीज़ अधिक अव्यवस्था की ओर बढ़ती है।
ऋतु - सर्दी, वसंत, गर्मी या पतझड़।
एकदिशात्मक - केवल एक दिशा में चलने वाला।
एंट्रॉपी - अव्यवस्था और क्षय की ओर धीरे-धीरे बढ़ना।
एस्केपमेंट - घड़ी का वह भाग जो गियरों की गति को नियंत्रित करता है।
ऑडबॉल प्रभाव - जब कोई चीज़ आपको चौंका देती है और समय धीमा लगता है।
औसत - मध्य मान या औसत।
औसत सौर दिन - एक वर्ष के समय में दिनों की औसत लंबाई।
कठोर - सख्त और लचीला नहीं।
कण - पदार्थ का छोटा टुकड़ा।
कंपन - आगे और पीछे हिलने की क्रिया।
कंपन करना - आगे-पीछे हिलना।
कंपास - एक उपकरण जो पृथ्वी के चुंबकीय क्षेत्र का उपयोग करके दिशा दिखाता है।
कारण - वह चीज़ जो किसी दूसरी चीज़ को होने पर मजबूर करती है।
कारण और प्रभाव - एक चीज़ दूसरी चीज़ को होने का कारण बनती है।
काल्पनिक - कल्पना की गई चीज़, लेकिन अभी सिद्ध नहीं।
काल्पनिक संख्या - गणित में उपयोग की जाने वाली संख्या, जैसे -1 का वर्गमूल।
काल्पनिक समय - ऐसा समय जो कुछ घटनाओं का वर्णन करने के लिए काल्पनिक संख्याओं का उपयोग करता है।
किरण - कोई चीज़ जो एक बिंदु से किसी दिशा में निकलती है।
कुछ नहीं - एक भी चीज़ नहीं।
कैलिब्रेट करना - ठीक-ठीक समायोजित करना।
कैलेंडर - एक तालिका जो दिन, महीने और वर्ष दिखाती है।
कैलेंडर वर्ष - बारह महीनों से बना एक पूरा वर्ष।
क्रम - चीज़ें कैसे व्यवस्थित हैं या एक के बाद एक कैसे होती हैं।
क्रिस्टल - नियमित, दोहराते पैटर्न में व्यवस्थित परमाणु।
क्रोनोस्टेसिस - जब घड़ी की सेकंड वाली सुई एक पल के लिए रुकी हुई लगती है।
क्लेप्सिड्रा - एक घड़ी जो समय बताने के लिए पानी का उपयोग करती है।
क्वांटम - पदार्थ और ऊर्जा के सबसे छोटे टुकड़ों से संबंधित।
क्वांटम कण - पदार्थ या ऊर्जा के सबसे छोटे टुकड़े।
क्वांटम दुनिया - कणों और तरंगों की नन्ही, अजीब दुनिया।

क्वांटम भौतिकी - ब्रह्मांड के सबसे नन्हे टुकड़ों का अध्ययन।
क्वांटम यांत्रिकी - नन्ही चीज़ें कैसे व्यवहार करती हैं, इसके नियम।
क्वांटम समय - अत्यंत छोटे पैमानों पर अजीब ढंग से व्यवहार करता समय।
क्वार्ट्ज - एक क्रिस्टल जो उसके भीतर बिजली प्रवाहित करने पर कंपन करता है।
क्वार्ट्ज घड़ी - क्वार्ट्ज क्रिस्टलों का उपयोग करके समय रखने वाली घड़ी।
क्षय होना - छोटे टुकड़ों में टूट जाना, नष्ट होने लगना।
खगोलविद - वह वैज्ञानिक जो तारों, ग्रहों और आकाशगंगाओं का अध्ययन करता है।
खोज करना - पता लगाना।
गर्मी - वर्ष की सबसे गर्म ऋतु।
गियर - दाँतों वाला पहिया जो दूसरी गियरों के साथ मिलकर चीज़ों को चलाता है।
गुरुत्वाकर्षण - द्रव्यमान वाली वस्तुओं के बीच का खिंचाव।
गोलार्ध - किसी गोले का आधा भाग।
ग्नोमन - धूपघड़ी का वह भाग जो छाया बनाता है।
ग्रीष्म अयनांत - वर्ष का सबसे लंबा दिन।
ग्रेगोरियन कैलेंडर - वह कैलेंडर जिसका हम आज उपयोग करते हैं।
घटना - कुछ जो होता है।
घंटा - 60 मिनट, पूरे दिन का 1/24 भाग।
घटित होना - होना।
घंटी की ध्वनि - घंटी या घड़ी से आने वाली बजने की आवाज़।
घड़ी - समय बताने वाला उपकरण।
घनत्व - किसी स्थान में कितना पदार्थ भरा है।
घना - किसी स्थान में पदार्थ से भरा हुआ।
घूर्णन - किसी केंद्र के चारों ओर घूमना।
चक्र - घटनाओं की ऐसी श्रृंखला जो फिर से शुरू होकर दोहरती है।
चक्रीय - एक ही पैटर्न में बार-बार होने वाला।
चक्रीय समय - यह विचार कि समय लूप बनाता है और दोहरता है।
चक्रों में होने वाला - चक्रों में घटित होता है।
चंद्र कैलेंडर - चंद्रमा की कलाओं पर आधारित कैलेंडर।
चंद्र महीना - एक अमावस्या से अगली अमावस्या तक का समय।
जटिल - सरल नहीं।
जमा हुआ - रुका हुआ।
जल घड़ी - ऐसी घड़ी जो टपकते या बहते पानी से समय बताती है।
जुड़वाँ समय - एक विचार प्रयोग जिसमें जुड़वाँ बच्चों में से एक को तेज़ अंतरिक्षयान में जाते हुए कल्पना किया जाता है।
जूलियन कैलेंडर - जूलियस सीज़र द्वारा बनाया गया एक पुराना कैलेंडर।
झुका हुआ - एक ओर को झुकता हुआ।
ढहना - टूटकर गिरना, अपने ही भीतर गिर जाना।
ताना-बाना - कोई आधारभूत संरचना।

तालमेल बिठाना - दो या अधिक चीज़ों को समय में मिलाना।
त्रिभुजीकरण - दूसरी वस्तुओं का उपयोग करके अपनी स्थिति पता लगाने की प्रक्रिया।
दर - कितनी तेज़ या कितनी धीमी।
दशक - दस वर्ष।
दशमलव संख्या प्रणाली - 10 के आधार वाली संख्या प्रणाली।
दादा विरोधाभास - अतीत को बदलने के बारे में समय यात्रा की एक पहेली।
दिन - वह समय जिसमें सूर्य आकाश में उसी स्थान पर लौट आता है।
दिन का समय - आधी रात के बाद कितना समय बीत चुका है।
दिशा - किसी चीज़ के जाने का रास्ता: ऊपर या नीचे, आगे या पीछे, बाएँ या दाएँ, भविष्य या अतीत।
दूरबीन - ऐसा उपकरण जो दूर की चीज़ों को पास जैसा दिखाता है।
द्रव्यमान - किसी चीज़ में कितना पदार्थ है।
धूप घड़ी - ऐसी घड़ी जो समय का हिसाब रखने के लिए सुगंधित धूप की छड़ियाँ जलाती है।
धूपघड़ी - सूर्य की छाया का उपयोग करके समय बताने वाला उपकरण।
नाक्षत्र दिन - पृथ्वी को एक पूरा चक्कर, 360°, लगाने में लगने वाला समय।
नाभिक - परमाणु का केंद्र, जिसमें प्रोटॉन और न्यूट्रॉन होते हैं।
नियम - ऐसी चीज़ जो हमेशा सच होती है।
नियम - प्रकृति का ऐसा नियम जो बदलता नहीं।
निरंतर - बिना रुके चलता हुआ।
निर्भर होना - किसी चीज़ के होने से पहले किसी दूसरी चीज़ का होना ज़रूरी होना।
पतझड़ - वह ऋतु जब मौसम ठंडा होने लगता है।
पतझड़ विषुव - सितंबर का वह दिन जब दिन और रात लगभग बराबर होते हैं।
पता लगाना - किसी चीज़ के अस्तित्व की खोज करना।
परंपरा - पीढ़ी दर पीढ़ी आगे बढ़ाई गई चीज़।
परमाणु - पदार्थ का एक बहुत छोटा कण, जिसके केंद्र में प्रोटॉन और न्यूट्रॉन वाला नाभिक होता है और जिसके चारों ओर एक या अधिक इलेक्ट्रॉनों का बादल होता है।
परमाणु घड़ी - एक अत्यंत सटीक घड़ी जो सीज़ियम 133 के परमाणुओं का उपयोग करके समय रखती है।
परमाणु संबंधी - परमाणुओं से संबंधित।
परमाणुओं में ऊर्जा स्तर - इलेक्ट्रॉनों की नाभिक से निश्चित दूरियाँ। ऊँचा ऊर्जा स्तर नाभिक से अधिक दूर होता है।
परिकल्पना - ऐसा विचार जिसे सुझाया गया है, लेकिन सिद्ध नहीं किया गया।
परिक्रमा करना - किसी वस्तु के चारों ओर वृत्त या दीर्घवृत्त में घूमना, या वह मार्ग जिस पर कोई वस्तु दूसरी वस्तु के चारों ओर चलती है।
परिणाम - वह चीज़ जो किसी दूसरी चीज़ के कारण होती है।
परिभाषित करना - अर्थ बताना।
पूर्ण - बिल्कुल सटीक, बिना गलती के।

पेंडुलम - एक वज़न जो आगे-पीछे झूलता है।
पेंडुलम घड़ी - समय रखने के लिए झूलते पेंडुलम का उपयोग करने वाली घड़ी।
पैमाना - कोई चीज़ कितनी बड़ी या छोटी है।
पोलारिस - उत्तर तारा।
प्रभाव - किसी चीज़ को घटित करने की क्षमता।
प्रभाव - वह चीज़ जो किसी कारण की वजह से होती है।
प्रभावित करना - बदलाव पैदा करना या प्रभाव डालना।
प्रमाण - मजबूत सबूत कि कोई चीज़ मौजूद है या सच है।
प्रयोग - किसी वैज्ञानिक सिद्धांत को परखने के लिए सावधानी से किया गया कार्य।
प्रसार - किसी चीज़ को फैलाना।
प्रीफ्रंटल कॉर्टेक्स - आपके मस्तिष्क का सामने वाला भाग, जो स्मृति और निर्णय लेने में मदद करता है।
फैलाना - किसी चीज़ को लंबा करना।
बल - ऐसी चीज़ जो किसी दूसरी चीज़ को खींचती या धक्का देती है।
बहना - चिकनी तरह से चलना।
बिग क्रंच सिद्धांत - एक सिद्धांत कि ब्रह्मांड किसी दिन अपने ही भीतर वापस सिकुड़ सकता है।
बिग बाउंस सिद्धांत - यह विचार कि ब्रह्मांड शायद सिकुड़कर फिर से शुरू हो सकता है।
बिग बैंग सिद्धांत - यह विचार कि ब्रह्मांड एक नन्हे, गर्म, घने पिंड के रूप में शुरू हुआ।
बेसल गैन्ग्लिया - मस्तिष्क की कोशिकाएँ जो मस्तिष्क के अलग-अलग भागों को जोड़ने में मदद करती हैं।
ब्रह्मांड - वह सब कुछ जो मौजूद है।
ब्रह्मांडीय - ब्रह्मांड से संबंधित।
ब्रह्मांडीय इन्फ्लेशन - एक सिद्धांत कि बिग बैंग के ठीक बाद ब्रह्मांड बहुत तेज़ी से फैल गया।
ब्रह्मांडीय किरण - अंतरिक्ष से आने वाले ऊर्जा के नन्हे, तेज़ गति वाले कण।
ब्रह्मांडीय तंतु - आरंभिक ब्रह्मांड का एक लंबा, पतला और शक्तिशाली अवशेष, अभी केवल एक सिद्धांत।
ब्लैक होल - इतनी भारी वस्तु कि प्रकाश भी उससे बचकर नहीं निकल सकता।
ब्लॉक टाइम सिद्धांत - यह विचार कि अतीत और भविष्य सहित सभी क्षण एक साथ, अपरिवर्तित रूप में मौजूद हैं।
भविष्य - जो अभी तक नहीं हुआ है।
भविष्यवाणी करना - अपनी जानकारी के आधार पर बताना कि क्या होगा।
भौतिकी - अंतरिक्ष और समय का अध्ययन।
मल्टीवर्स - अनेक ब्रह्मांड जो एक ही समय में मौजूद हैं।
महसूस करना - अपनी इंद्रियों से किसी चीज़ को नोटिस करना।
महीना - समय की इकाई जिसमें 28 से 31 दिन होते हैं।
मानक - कुछ करने का सामान्य या स्वीकार किया गया तरीका।

मापना - यह पता लगाना कि कोई चीज़ कितनी बड़ी या लंबी है।
मार्ग तय करना - रास्ता संचालित करना या दिशा पकड़ना।
मिनट - 60 सेकंड, एक घंटे का 1/60 भाग।
मोमबत्ती घड़ी - ऐसी मोमबत्ती जिस पर जलते समय कितना समय बीता है, यह दिखाने के लिए निशान बने हों।
म्यूऑन - इलेक्ट्रॉन जैसा एक नन्हा कण, लेकिन उससे भारी।
यांत्रिक घड़ी - गियरों, स्प्रिंगों या वज़नों से चलने वाली घड़ी।
रेडियो - ध्वनि संकेत भेजने या प्राप्त करने वाला उपकरण।
रेतघड़ी - एक उपकरण जिसमें रेत एक छोटे छेद से गिरती है और जिसका उपयोग समय मापने के लिए होता है।
रैखिक समय - ऐसा समय जो अतीत से भविष्य की ओर सीधा चलता है।
लगभग - पास, लेकिन बिल्कुल सही नहीं।
लचीला - जिसे मोड़ा या हिलाया जा सके।
लय - ऐसा पैटर्न जो दोहरता है।
लीप दिन - पृथ्वी की कक्षा के साथ हमारे कैलेंडर को तालमेल में रखने के लिए जोड़ा गया अतिरिक्त दिन।
लीप सेकंड - पृथ्वी के साथ घड़ियों को तालमेल में रखने के लिए जोड़ा गया अतिरिक्त सेकंड।
वज़न - गुरुत्वाकर्षण किसी चीज़ को कितना खींचता है।
वर्तमान - अभी।
वर्तमान युग से पहले - 1 AD से पहले का समय।
वर्महोल - अंतरिक्ष या समय में सुरंग के बारे में एक सिद्धांत।
वर्ष - पृथ्वी को सूर्य की एक बार परिक्रमा करने में लगने वाला समय।
वसंत - वह ऋतु जब मौसम गर्म होना शुरू होता है।
वसंत विषुव - वसंत का वह दिन जब रात और दिन लगभग बराबर होते हैं।
विकृत करना - आकार से बाहर मोड़ना या टेढ़ा करना।
विच्छिन्न - अलग-अलग भागों से बना, जिनके बीच जगह हो।
विरोधाभास - ऐसी पहेली जिसमें दो बातें सच लगती हैं, लेकिन दोनों एक साथ सच नहीं हो सकतीं।
विशेष सापेक्षता सिद्धांत - आइंस्टाइन का सिद्धांत कि जब चीज़ें तेज़ चलती हैं तो समय और अंतरिक्ष कैसे व्यवहार करते हैं।
विषुव - वह दिन जब अँधेरा और प्रकाश लगभग समान लंबाई के होते हैं।
वैज्ञानिक मानक - ऐसा माप जिस पर सभी सहमत हों।
वैश्विक स्थान निर्धारण प्रणाली - उपग्रहों की प्रणाली जो हमें यह जानने में मदद करती है कि हम कहाँ हैं।
वैश्विक स्थान निर्धारण प्रणाली - उपग्रहों की प्रणाली जो हमें यह जानने में मदद करती है कि हम कहाँ हैं।
व्याख्या - किसी व्यक्ति का किसी चीज़ को समझाने का तरीका।
शर्त - ऐसी चीज़ जिसका मौजूद होना या होना ज़रूरी है ताकि कोई दूसरी चीज़ मौजूद हो सके या हो सके।
शीत अयनांत - वर्ष का सबसे छोटा दिन।

षष्टिआधारी - 60 के आधार वाली संख्या प्रणाली।
सटीक - बिल्कुल ठीक, बिना गलती के।
सटीक - बिल्कुल सही, बिना किसी गलती के।
सटीकता - कोई चीज़ बिल्कुल सही के कितनी पास है।
सतत क्रम - ऐसी चीज़ जो बिना टूटे चिकनी तरह से चलती रहती है।
संतुलन - किसी चीज़ की समानता या न्यायपूर्ण स्थिति।
सप्ताह - लगातार सात दिन।
संभव - जो हो सकता है।
सममित - दोनों ओर से एक जैसा दिखने वाला।
समय - अतीत से वर्तमान और भविष्य तक का प्रवाह।
समय का B-सिद्धांत - यह विचार कि अतीत, वर्तमान और भविष्य सभी एक ही समय में मौजूद हैं और समय केवल हमारा अनुभव करने का तरीका है।
समय का तीर - यह विचार कि समय केवल आगे बढ़ता है, पीछे नहीं।
समय प्रसार - कुछ स्थितियों में समय का धीमा चलना, जैसे बहुत तेज़ गति या शक्तिशाली गुरुत्वाकर्षण में।
समय मापक - समय मापने के लिए उपयोग की जाने वाली कोई भी चीज़।
समय यात्रा - अतीत या भविष्य में जाना।
समय यात्रा विरोधाभास - अतीत बदलने पर क्या होता है, इसके बारे में पहेली।
समयरेखा - क्रम में घटनाओं की सूची।
समायोजन - किसी चीज़ को बदलना ताकि वह इच्छित चीज़ के अधिक पास हो जाए।
सर्दी - वर्ष की सबसे ठंडी ऋतु।
सर्वदिशात्मक - सभी दिशाओं में चलने या फैलने वाला।
सही उत्तर - पृथ्वी के उत्तरी ध्रुव की ओर सीधी दिशा।
सापेक्ष - ऐसी चीज़ जो स्थिति के अनुसार बदलती है।
सापेक्षता - अंतरिक्ष और समय कैसे साथ काम करते हैं, खासकर तेज़ गति से चलने पर या बड़े द्रव्यमानों के पास।
सामान्य सापेक्षता सिद्धांत - आइंस्टाइन का विचार कि गुरुत्वाकर्षण और समय कैसे जुड़े हैं।
सार्वभौमिक - जो हर चीज़ और हर व्यक्ति पर लागू हो।
सार्वभौमिक समय - पृथ्वी के घूर्णन पर आधारित समय, जिसका उपयोग दुनिया भर में होता है।
सिकोड़ना - किसी चीज़ को दबाकर छोटी जगह में करना।
सिद्धांत - ऐसा विचार जो सिद्ध किया गया हो और व्यापक रूप से स्वीकार किया गया हो।
सिमुलेशन - किसी वास्तविक चीज़ का मॉडल या प्रतिरूप।
सिमुलेशन परिकल्पना - यह विचार कि हमारी पूरी दुनिया एक कंप्यूटर सिमुलेशन हो सकती है।
सीज़ियम 133 - सीज़ियम का एक विशेष प्रकार जो परमाणु घड़ियों में उपयोग किया जाता है।
सूक्ष्म - इतना छोटा कि केवल आँखों से दिखाई न दे।

सेकंड - एक मिनट का साठवाँ भाग।
सेरिबेलम - मस्तिष्क का वह भाग जो आपको चलने-फिरने और संतुलन बनाने में मदद करता है।
सौर - सूर्य से संबंधित।
सौर चक्र - सूर्य के चारों ओर पृथ्वी की कक्षा के कारण होने वाले बदलाव।
सौर दिन - एक सूर्योदय से अगले सूर्योदय तक का समय।
स्ट्रोब लाइट - ऐसी रोशनी जो तेज़ी से जलती और बुझती है।
स्थान - कोई चीज़ कहाँ है।
स्थिति - कोई चीज़ कहाँ है।
स्थिर - जो बदले नहीं, अपरिवर्तित रहने वाला।
स्पेसटाइम - अंतरिक्ष और समय को मिलाकर बना एक बड़ा विचार।
हाइजेनबर्ग अनिश्चितता सिद्धांत - क्वांटम भौतिकी में, हम किसी कण की ठीक-ठीक स्थिति और गति दोनों को एक ही समय में नहीं जान सकते।

www.ingramcontent.com/pod-product-compliance
Lightning Source LLC
LaVergne TN
LVHW022306200926
848481LV00004B/1233
9798902892069